SOCIÉTÉ JERSIAISE

PRODROME DE LA FLORE
DES
ALGUES MARINES
DES
ÎLES ANGLO-NORMANDES
et Côtes Nord-Ouest de la France

PAR

Le Dr. HENRI VAN HEURCK,

Professeur de Botanique et Directeur au Jardin Botanique d'Anvers,
Ancien Président de la Société Belge de Microscopie,
Membre Honoraire de la Société Royale de Microscopie de Londres,
Lauréat de l'Institut de France (Académie des Sciences), etc.

Jersey
LABEY ET BLAMPIED, IMPRIMEURS, etc.
BERESFORD LIBRARY, ST. HELIER
1908

SOCIÉTÉ JERSIAISE.

PRODROME DE LA FLORE

DES

ALGUES MARINES

DES

ILES ANGLO-NORMANDES

et des Côtes Nord-Ouest de la France

PAR

Le Dr. HENRI VAN HEURCK,

Professeur de Botanique et Directeur au Jardin Botanique d'Anvers.
Ancien Président de la Société Belge de Microscopie.
Membre Honoraire de la Société Royale de Microscopie de Londres.
Lauréat de l'Institut de France (Académie des Sciences), etc.

Jersey :

LABEY ET BLAMPIED, IMPRIMEURS, Etc.,

BERESFORD LIBRARY, ST.-HÉLIER.

1908.

[On peut se procurer cet ouvrage chez l'auteur, à Anvers.]

OUVRAGES PRINCIPAUX DE L'AUTEUR.

Synopsis des Diatomées de Belgique. Anvers, 1880-1885. Comprend un vol. de texte, un vol. de tables et un atlas contenant 3100 figures (épuisé). fr. **250**
L'Institut de France a décerné à cet ouvrage le Grand Prix de Botanique cryptogamique (Prix Desmazières).

Types du Synopsis des Diatomées. Collection de 550 préparations contenant plus de 1200 formes, avec notes et diagnoses. 22 vol. petit in-8° (épuisé). fr. **600**

Traité des Diatomées contenant la description et la figure de tous les genres connus de même que de toutes les espèces de la Mer du Nord et des contrées environnantes, avec 2000 figures. Anvers, 1899. fr. **75**

A Treatise on the Diatomaceæ, etc., translated by Wynne E. Baxter, F.R.M.S., F.G.S., with 2000 fig. Londres, William Wesley & Son. £3

Le Microscope, sa construction, son maniement, la Technique microscopique en général ; la Photomicrographie, le Passé et l'Avenir du Microscope. 4e édition, avec 227 fig. dans le texte et une planche en phototypie. Grand in-8° de 316 p. Anvers, 1891 (épuisé). La 6e est en préparation. fr. **7.50**

The Microscope, etc., 5e édition, considérablement augmentée par l'auteur, traduite en anglais par M. Wynne E. Baxter, F.R.M.S., grand in-8° de 382 pages avec 3 planches et plus de 250 figures. Londres, Crosby, Lockwood & Son, 1893. fr. **22.50**

Le Microscope à l'Exposition Universelle d'Anvers, in-8°, avec figures. fr. **2.50**

Flore Médicale belge, par le Dr. Henri Van Heurck et le Dr. V. Guibert, 1 vol. in-8° de 450 pages. Louvain, 1865. fr. **4**

Observationes botanicae et descriptiones plantarum novarum herbarii Vanheurckiani. Recueil d'observations botaniques et de descriptions de plantes nouvelles, publié par le Dr. Henri Van Heurck, avec la collaboration du Dr. J. Müller et de MM. C. De Candolle, Crépin, Spring, etc. ; texte latin-français. Deux fascicules sont publiés. Prix du fascicule : fr. **3.50**

La Technique et les Applications diverses des Rayons X, in-8°, 88 pages avec 10 planches et de nombreuses figures. Anvers, 1897. fr. **3**

Etude sur les objectifs apochromatiques, in-8°. 1899. fr. **2**

Les Diatomées de l'Expédition Antarctique de la "*Belgica*," grand in-4° avec 13 planches contenant 185 figures. Publié par le Gouvernement belge. Paraîtra dans quelques mois.

INTRODUCTION.

Pendant plusieurs hivers, déjà, nous avons exploré les côtes jersiaises, recherchant, jour par jour, les algues qui croissent dans ses innombrables baies qui, toutes, offrent la plus riche moisson au chercheur. Quoique nous espérions pouvoir encore plus d'une fois parcourir les baies de " *l'île ensoleillée*," nous croyons que le nombre des algues qui restent à découvrir sera borné et qu'elles seront surtout à trouver parmi les formes minimes ou microscopiques. Nous croyons donc utile de ne pas retarder davantage la publication du tableau des espèces trouvées.

Donner simplement les algues jersiaises serait d'un intérêt relativement minime. La végétation jersiaise est surtout intéressante si on la compare avec celle des îles sœurs et à celle de la côte française voisine dont elle fut un jour—à une époque relativement peu lointaine—séparée par un abaissement du sol.

Nous donnons donc la liste des algues de toutes les îles anglo-normandes et nous signalons superficiellement la partie de la côte française voisine où on les retrouve.

Nous avons, dans ce but, partagé la côte susdite en régions, à savoir : *Nord*, qui va de la frontière belge à Cherbourg ; *Cherbourg*, comprenant la petite région si admirablement explorée par feu notre ami Le Jolis ; *Ouest*, allant de Cherbourg au Finistère ; et *Extrême-Ouest*, comprenant le Finistère jusqu'à Brest.

Mais nous n'avons indiqué aucune localité précise de France. Cela n'eut servi à rien, car ces localités sont admirablement détaillées dans l'important ouvrage—véritable travail de bénédictin—que M. le Professeur J. Chalon vient de publier sous le titre de

" *Liste des algues marines observées jusqu'à ce jour entre l'embouchure de l'Escaut et la Corogne.*"

D'ailleurs, nous le répétons, notre but en signalant les régions françaises a été simplement de montrer la similitude de la Flore algologique des iles anglo-normandes avec celle des côtes françaises voisines. La note que M. E.-T. Nicolle a bien voulu rédiger sur la géologie et sur l'origine de Jersey, et que l'on trouvera ci-après, expliquera les causes de cette similitude.

Nous donnons pour chaque forme le nom actuellement adopté et les planches les plus importantes où elles sont figurées, de même que les numéros des collections, concernant la région que nous embrassons, où elles sont publiées en nature.

Toutes les localités d'où nous possédons les formes sont ensuite soigneusement citées.

Pour la classification des genres et des espèces nous avons, autant que possible, suivi Debray, qui, lui-même, a suivi absolument les monographies de MM. Bornet et Flahault, de MM. Gomont et d'Engler-Prantl. La Flore de Debray est d'ailleurs le seul ouvrage descriptif qui existe actuellement sur les côtes de l'Océan et il comprend les deux tiers des algues que mentionne notre travail.

Enumérons maintenant les matériaux que nous possédons sur la région comprise dans le présent travail.

Outre nos récoltes personnelles, qui sont considérables, nous avons, pour Jersey, l'herbier algologique de M. John Piquet, qui fut le plus zélé botaniste de Jersey et qui, malgré qu'il ait aujourd'hui 82 ans, est encore toujours un herborisateur enthousiaste. Ses récoltes algologiques ont été faites entre 1855 et 1865, époque après laquelle il s'adonna presque exclusivement aux phanérogames. L'herbier algologique de M. Piquet a été fait avec grand soin, les localités y sont bien indiqueés et on y trouve aussi un certain nombre d'échantillons de Mlle. White et d'autres collecteurs de Jersey.

M. John Piquet a donné dernièrement son herbier phanérogamique, très considérable, à la Société Jersiaise, où il sera conservé avec soin.

Mlle. White explora Jersey à la même époque que M. Piquet. Elle n'était pas Jersiaise de naissance et quitta l'île au bout de quelques années. Il nous a été impossible de découvrir où elle alla en quittant l'île et ce que devint son herbier. Notre ami, M. l'Avocat Nicolle, le Secrétaire de la Société Jersiaise, a fait de longues et vaines démarches pour le savoir.

Mlle. Cattlow a fait aussi des récoltes intéressantes. C'était une Conchyliologiste distinguée qui a publié sur cette science plusieurs ouvrages importants pour l'époque. Mais ce n'était pas une vraie algologue. Elle a légué ses livres et son herbier à la Société Jersiaise, qui les conserve précieusement, mais son herbier ne présente guère d'intérêt. Les échantillons sont en général très misérables et portent tous invariablement comme localité, la mention "Coast of Jersey." Il faut pourtant tirer hors de pair l'échantillon unique du *Dasya Cattloviana*, qui est accompagné d'une note manuscrite de Harvey. L'échantillon est mal étalé, et pour l'étudier sérieusement il devrait être ramolli et remonté. Nous n'avons naturellement pas voulu y toucher.

Le R. P. Bovier-Lapierre a, pendant les deux ou trois années qu'il a passées à Jersey, fait des récoltes algologiques importantes qu'il nous a données généreusement. On trouvera son nom cité dans ce prodrome pour un certain nombre d'espèces rares, de même que celui du R. P. de Bellaing, qui a fait des récoltes après lui.

Notre ami, M. E. D. Marquand, l'auteur de la "*Flora of Guernsey and the lesser Channel Islands*," a, depuis plus de quinze ans, exploré Guernesey, qu'il habite, puis Aurigny (*Alderney*, en anglais), où il est allé passer trois ans. Nous lui devons environ 200 algues de ces îles, et c'est d'après les indications de cet observateur extrêmement consciencieux que nous citons les localités des îles si bien étudiées par lui.

Nous avons enfin fait usage des innombrables échantillons que nous devons à feu nos amis : de Brébisson, Le Jolis et Lenormand, et de ceux qui existaient dans l'herbier Dupray, du Havre, que nous avons acquis, de même que de ceux qui existent dans notre herbier général. Ce dernier, commencé vers 1790 par le célèbre botaniste voyageur, le Dr. Sieber, de Prague, passa à la mort de celui-ci dans les mains du Baron von Reichenbach, de Vienne, et fut acquis par nous en 1868. Il renferme, pour l'algologie, un nombre considérable d'échantillons d'Agardh, de J.-C. Agardh, de Miss Griffith, de Kützing, de Martens, de Rabenhorst, etc.

Puis, notre excellent ami, M. le Professeur J. Chalon, nous a donné une grande part de toutes les récoltes faites le long de l'Océan Atlantique ; nous lui adressons nos meilleurs remerciements.

Nous avons aussi à témoigner ici toute notre reconnaissance à M. F. Heydrich, de Wiesbaden, et à M. le Major Reinbold. Ces deux éminents algologues ont bien voulu revoir toutes nos récoltes et nous élucider tous les cas difficiles. Sans leur précieux concours nous eussions eu bien de la peine à mener ce travail à bon port, car il y avait longtemps que nous avions cessé de nous occuper des algues supérieures pour nous adonner exclusivement aux Diatomées.

Nous avons enfin aussi à remercier notre excellent et aimable ami, M. l'Avocat E. T. Nicolle, le savant Secrétaire de la Société Jersiaise, qui a bien voulu surveiller l'impression de ce livre. Nous lui en sommes bien obligés, de même que pour la note géologico-historique qui suit.

Le présent *Prodrome* n'est qu'un extrait d'un travail plus important, qui doit former le pendant, quant aux descriptions et aux figures, de notre *Traité des Diatomées*, mais quoique cette Flore soit déjà faite en grande partie nous ignorons si les travaux que nous avons à publier d'abord nous laisseront le temps et le loisir de l'achever.

LES ILES ANGLO-NORMANDES

LES ILES ANGLO-NORMANDES forment un archipel qui comprend quatre îles principales, Jersey, Guernesey, Aurigny et Serk ; enfin plusieurs îlots d'une importance moindre, Herm, Jethou, Brechou, Lihou, les Ecréhous, les Minquiers.

L'île de Jersey est constituée par un noyau de schistes et de fines arkoses feldspathiques, qui traversent des roches éruptives très variées, les unes granitoïdes, les autres porphyriques. L'origine des grandes baies de l'île n'est pas difficile à découvrir ; il suffit d'examiner les roches qui en forment le contour. C'est dans les roches schisteuses, plus tendres et plus fissiles que les granites, que sont creusées les deux principales baies, celle de St. Ouen et celle de St. Aubin. Le fond de la baie de Grouville montre également le schiste comme bordant la plus grande partie de la côte. Ce sont les caps granitiques des îles qui les ont préservées des ravages de la mer. Si elles n'eussent été composées que de conglomérat et de schiste, depuis bien des siècles leurs derniers vestiges auraient disparu.

Jersey,—et probablement toutes les autres îles de l'archipel,—faisait autrefois partie du continent. Malgré les ravinements produits dans le passage de la Déroute par des courants d'une force énorme, la profondeur de la mer ne dépasse pas dix mètres à mer basse. Il suffirait donc d'une élévation de dix mètres pour que le sol demeurât à sec. Ceci s'applique, il va sans dire, aux endroits où il se trouve une ligne de roches.

" Dans des siècles passés," dit l'auteur de l'ouvrage classique sur la Géologie de Jersey (feu le Rév. Père Charles Noury), "Jersey " fut d'une façon vraiment remarquable le champ ouvert aux assauts " des agents internes et externes de notre globe." Nous pouvons aujourd'hui contempler les résultats de cette lutte.

Quelques auteurs qui ont écrit sur l'histoire de Jersey ont affirmé que dans les premiers siècles de l'ère chrétienne l'île n'était séparée du Cotentin que par un simple ruisseau et que l'Evêque de Coutances traversait ce ruisseau par le moyen d'une planche, lorsqu'il visitait Jersey pour remplir les devoirs de son ministère. On est porté à voir dans la planche une forme excessive de l'ancienne tradition d'union. Le raisonnement doit aussi démentir un cataclysme soudain comme explication de la séparation des îles du Continent. On a parlé d'ailleurs de forêts sous-marines qui ont existé dans les parages de la mer entre les îles et les côtes de la France. C'est un fait accepté qu'à une époque relativement récente des forêts existaient où se trouvent aujourd'hui plusieurs des plus importantes baies de l'île. Non seulement à Jersey mais à Guernesey on voit encore des lits d'arbres forestiers et de tourbe à bon nombre de pieds même au-dessous du niveau de basse mer. Citons la baie de Vazon à Guernesey et les baies de St. Ouen, St. Brelade, St. Aubin et St. Clément à Jersey. Mais ces faits peuvent être expliqués par l'action de la mer. Ces indices des envahissements de la mer existent partout sur notre globe. La question de la séparation des îles du Continent est plutôt une recherche qui appartient à la science géologique. C'est dans la subsidence du sol qu'il faut chercher l'explication des changements et modifications que notre littoral a subi pendant de longs siècles. La tâche qui reste à la science à accomplir c'est de fixer même approximativement la date de la submersion de ces parages.

Localités de Jersey citées.

En faisant le tour de l'île en commençant à l'extrémité Sud on rencontre successivement les baies et les localités suivantes qui sont citées dans notre travail.

Sud : Corbière Rocks, Fliquet Bay, Beau-port, Creux-Fantôme, St. Brelade's Bay, La Cotte Point, Le Fret Point, Portelet Bay (où surtout sont à explorer les roches de Janvrin Tower), l'Ile percée, Noirmont Tower, Belcroute Bay, St. Aubin's Bay (où sont à examiner : Bulwark, St. Aubin's Fort, Elizabeth Castle), Havre (et pointe) des Pas, La Grève d'Azette et les innombrables roches de St. Clement's Bay.

Est : La Rocque Point, Grouville Bay (avec Gorey Harbour), St. Catherine's Bay, Fliquet Bay.

Nord : La Coupe Point, Le Couperon, Rozel Bay, Bouley Bay [où sont Vicard Point, Havre Vicard (avec Petit Port, près duquel est situé l'Egypte)], puis Giffard Bay, Bonne Nuit Bay, Frémont Point, ensuite St. John's Bay (avec La Saline), Mourier Bay, Ronez Point, La Houle, Sorel Point, Le Fossé Vicq, puis Crabbé (une des plus riches stations algologiques de Jersey), enfin Plémont Point et la Grève-au-Lançon.

La côte Nord, la plus difficile et la plus dangereuse à explorer, est celle qui fournit la plus riche moisson d'algues.

Ouest : Le Pinacle, l'Etac avec les roches voisines, St. Ouen's Bay avec La Rocco Tower et nombreuses roches où se trouvent La Pulente et Petit Port, dont les roches se relient à celles de la Corbière par où nous commençâmes notre énumération.

Nous citons les noms d'après la carte de Carrington, édition revue par M. George A. Piquet.

Guernesey.

Les localités le plus souvent citées par M. E. D. Marquand sont les suivantes. Nous les donnons d'après la carte insérée dans sa "Flora of Guernsey, etc." et en partant de nouveau de l'extrême point S.O.

Sud ; Gull-Rock, Bon Repos Harbour, Le Gouffre, Petit Bot Bay, Saints Bay, Moulin Huet.

Est : Bec-du-Nez, Fermain Bay, Fermain Point, Belle Grève Bay, Bordeaux Harbour.

Nord : Lancresse Bay.

Ouest : Grand Havre, Grandes Rocques, Cobo Bay, Vazon Bay, Lihou Island, Rocquaine Bay.

Ouvrages principaux

utiles pour l'étude des algues de la région embrassée par le Prodrome.

BATTERS. **A Catalogue of the British Marine Algae**, by E. A. L. Batters, Londres, 1902, 107 pages.—Ce travail, tout à fait à la hauteur de la science, donne le catalogue complet, avec l'indication des régions de toutes les algues trouvées jusqu'ici dans les îles Britanniques. Il n'est malheureusement pas dans le commerce de la librairie, et il faut acheter toute l'année 1902 du *"Journal of Botany,"* où il a paru.

BORNET et FLAHAULT. **Révision des nostocacées heterocystées** contenues dans les principaux herbiers de France, par MM. E. Bornet et Ch. Flahault, Paris, 1886-1888.

et

GOMONT. **Monographie des oscillariées (nostocacées) homocystées,** par M. Maurice Gomont, Paris, 1893, avec 7 planches.—Les deux travaux qui se complètent ont été publiées dans les *"Annales des Sciences naturelles,"* et formant le seul ouvrage sérieux qui existe actuellement sur les Cyanophycées.

BORNET et THURET. **Notes algologiques,** par E. Bornet et G. Thuret, 2 fasc. petit in-folio avec 50 planches, Paris, G. Masson, 1876-1880.—Ce splendide ouvrage a été malheureusement tiré à un très petit nombre d'exemplaires et ne se trouve qu'exceptionnellement dans le commerce de la librairie.

CHALON. **Liste des algues marines** observées jusqu'à ce jour entre l'embouchure de l'Escaut et la Corogne, inclus îles anglo-normandes, par le Dr. Jean Chalon, professeur à l'école des hautes études de Bruxelles—Anvers, J. Buschmann (chez l'auteur à St. Servais, Namur), 1905, in-8° 259 p.—Ce livre qui résume un labeur énorme est le seul où l'on trouve résumées les connaissances que l'on possède actuellement sur la dispersion des algues, en France, sur la côte de l'Atlantique.

DEBRAY. **Florule des algues marines du Nord de la France,** par Ferdinand Debray, Paris, Klincksieck, 1899, in-8° de 193 pages.

DE TONI. **Sylloge algarum omnium hucusque cognitarum** digessit Dr. J.-B. De Toni, Patavii, 1889-1905.—1re partie : Chlorophyceæ, 1315 p. soit vol. I et II ; 2e partie . Fucoideæ, soit vol. III, 638 p. ; 3e partie : Florideæ, vol. IV (en 3 tomes), soit 1973 p.—Ce colossal ouvrage contient la description de toutes les algues connues jusqu'à ce jour. Les cyanophycées viennent tout justement de paraître.

FARLOW. **Marine algae** of new England and adjacent coast, by J. Farlow, Washington Government Printing Office, 1881, avec 15 pl.—Ouvrage très utile.

HARVEY. **Phycologia britannica** of a history of British Sea-weeds, by W. H. Harvey, Londres, L. Reeve & Co., 1846-1851, in-8º avec 388 planches coloriées avec texte.—Une ré-impression a été publiée en 1871 ; c'est l'ouvrage le plus important, pour les figures des algues, de notre région.

HARVEY. The **Atlas of British Sea-weeds** drawn from Professor Harvey's Phycologia, Londres, Lovell Reeve. 1857, petit in-4º avec 80 planches coloriées contenant 384 figures.—Ouvrage presqu'introuvable et très cher, c'est une réduction de l'ouvrage précédent. Il est accompagné d'un volume de texte, petit in-8º intitulé : *Synopsis of British Sea-weeds.*

Les mêmes planches ont été ré-imprimées et accompagnées d'un texte par Mme. Gatty. sous le nom de *British Sea-weeds* drawn from Prof. Harvey's Phycologia britannica with descriptions, an amateur's Synopsis etc., by Mrs. Alfred Gatty, 2 vol. grand in-8º, Londres, Bell & Daldy, 1872.—Ce dernier ouvrage est encore dans le commerce et ne coûte qu'une quarantaine de francs. Il peut remplacer les précédents pour l'amateur qui ne désire qu'une collection peu coûteuse de planches élémentaires.

HAUCK. **Die Meeresalgen Deutschlands und Oesterreichs** Bearbeitet von Dr. Ferdinand Hauck, Leipzig, Ed. Kummer, 1885, avec 583 figures et 5 planches photographiques.—Ouvrage classique et absolument indispensable. Les figures sont empruntées à Bornet, Kützing, etc.

JOHNSTONE and CROALL. **The nature printed British Sea-weeds,** by W. G. Gosart Johnstone and Alexandra Croall, nature printed by Henry Bradbury, Londres, Bradbury & Evans, 1859-1860, 4 vol. grand in-8º avec plusieurs centaines de figures et 207 planches produites par la Bradburytypie.—Dans ce procédé employé, pour les algues, c'est par la plante elle-même que l'on produit un cliché qui sert à l'encrage. Les planches de l'ouvrage de Johnstone and Croall sont admirables et dans beaucoup de cas on croit avoir l'algue elle-même sous les yeux.

KUTZING. **Tabulae phycologicae** oder Abbildungen der Tange, herausgegeben von Friedrich Traugott Kützing, Nordhausen, 1845-1869, 19 volumes contenant 1900 pl. avec texte et Index.—Totalement épuisé et d'un prix fort considérable (800 à 2000 frs.)

LE JOLIS. **Liste des algues marines de Cherbourg,** par A. Le Jolis, Paris, Baillière et fils, 1880.

TH. REINBOLD. **Die algen der Keiler Föhrde**, par le major Th. Reinbold, Kiel, 1893, a paru en 4 fascicules, Cyanophycées, Chlorophycées, Phaeophycées et Rhodophycées, publiés dans les "*Schriften des naturwissenchaftlichen verreins fur Schleswig-Holstein.*"—Extrêmement important et consciencieux.

REINKE. **Atlas Deutscher Meeresalgen** bearbeitet von Dr. J. Reinke in verbinding mit Dr. F. Schütt und P. Kuekuck, Berlin, Paul Parey, 1889 ; in-folio, avec 50 planches en partie coloriées et un appendice de 101 pages de texte et une carte (Vegetations karte) des localités.

Exsicata cités.

CROUAN. **Algues marines du Finistère**, recueillies et publiées par Crouan frères, Brest, 1852, 3 volumes petits in-4°, contenant 404 numéros.—Rarissime ; a été préparé à 80 exemplaires qui sont actuellement confinés dans des établissements publics et par suite introuvables. Quand par hasard un exemplaire vient dans le commerce il est coté à un prix extrêmement considérable et immédiatement enlevé.

HOLMES. **Algae britanicae rariores excicatae** curante, E.-M. Holmes, F.L.S., Londres, 1883-1905, 11 fascicules, petits in-4°, contenant chacun 25 algues.—Cet ouvrage, qui a été préparé à 25 exemplaires, d'après ce que nous a dit M. Holmes, est encore plus rare que le précédent. D'autres fascicules seront encore publiés si les circonstances le permettent.

LE JOLIS. **Algues marines de Cherbourg.** Sous ce titre M. Le Jolis a publié par fascicules successifs une collection d'algues comprenant 239 numéros. Comme les précédentes collections cet exsicata n'est plus trouvable dans le Commerce.

La citation de ces trois excicata a été faite dans ce travail de la façon suivante : Cr. n° ...... ; Holm. n° ...... ; Le Jol n° ......

PRODROME DE LA FLORE

DES

ALGUES MARINES

DES

ILES ANGLO-NORMANDES

et des Côtes Nord=Ouest de la France.

MYXOPHYCÉES.

COCCOGONÉES.

CHROOCOCCACÉES.

GLŒOCAPSA Nägeli.

Gl. crepidinum Thur. Born. et Thur., Notes Algol. I p. 2. pl. 1;
—Hauck, p. 512 fig. 228. —Le Jol. Alg. m. Cherb. n° 16.—Holmes,
Alg. brit. rar. n° 66.

FRANCE : Cherbourg.

ENTOPHYSALIS Kützing.

E. granulosa Kützing. Kütz., Tab. ph. 1 pl. 32.—Hauck, p. 513
fig. 229.

JERSEY : Sur *Pelvetia canaliculata*, près du fort à St. Aubin (1902,
H.V.H.).

BELGIQUE : Sur une jetée en maçonnerie à Blankenberghe (De
Block).

CHAMÆSIPHONACÉES.

HYELLA Bornet et Flahault.

H. caespitosa Born. et Flah. Born. et Flah., Plantes vivant
dans le test calc. des mollusques, p. 19 pl. X fig. 7, 8 et pl. XI.—
Debr., p. 31.—Holmes, n° 242.

JERSEY : Dans le test des *Patella* et du *Spirorbis nautiloides* à
St. Aubin (H.V.H., 1903).

ALDERNEY : E. Marq.

FRANCE : Nord-Ouest, Extr.O.

PLEUROCAPSA Thuret.

Pl. fuliginosa Hauck. Hauck, Meeres Alg. p. 515 fig. 231.— Holmes, Alg. br. n° 248.

JERSEY : Sur un galet à St. Aubin, 1902 ; sur *Catenella Opuntia* à St. Ouen (H.V.H.).

Pl. amethystea Rosenv.

GUERNESEY : Petit Port (E. Marq.) sur *Cladophora rupestris*.

DERMOCARPA Crouan.

D. prasina (Reinsch) Bornet. Born. et Thur., Not. alg. II p. 73 pl. 26 fig. 6—9. Holmes, Alg. brit., n° 79.

JERSEY : St. Ouen sur *Catenella* ; La Pulente ; Petit Port, sur *Chaetomorpha Linum* (H.V.H., 1902).
ALDERNEY : Platte Saline sur *Polysiphonia* (E. Marq.).
FRANCE : Nord-Ouest, Extr.O.

D. Leibleinii (Reinsch) Bornet. Born. Not. Alg. pl. 25 fig. 3—5. Hauck, p. 517.

JERSEY : La Pulente, Rozel, sur *Cladophora fracta* (H.V.H., 1903).
FRANCE : Extr.O. sur *Pylaiella litoralis*.

HORMOGONÉES.

HOMOCYSTÉES.

HYDROCOLEUM Kützing.

H. lyngbyaceus Kütz. Gom. Mon. Osc. p. 75, pl. XII fig. 8 à 10.—Kütz. T. ph. I, p. 37, pl. 51 fig. I.—Debr. p. 32.—*Microcoleus lyngbyaceus* Kütz.—Hauck, p. 509 fig. 226. — *Oscillaria litoralis* Carm. Cr. Alg. Fin. cl. n° 325.

FRANCE : Nord, Cherbourg, Ouest, Extr.O.

H. glutinosum (Ag.) Gom. Gom. Mon. Osc. p. 77.—*Blennothrix vermicularis* Kütz. T. ph. I pl. 91.—*Microcoleus vermicularis* Hauck p. 510.—*Oscillaria percursa β. marina* Kütz. Le Jol. Liste p. 27.—*Oscillatoria flavo-fusca* Cr. n° 328.

FRANCE : Cherbourg (Querqueville), Extr.O.

MICROCOLEUS Desmazières.

M. Chtonoplastes Thur. Gom. Mon. Osc. p. 91, pl. XIV fig. 5 à 8 ; Hauck p. 510 ; Debr. p. 32.—*M. anguiformis* Harv. Phyc. br.

nº 371 pl. 249.—Cr. nº 330.—*Chtonoplastes salinus* Kütz. T. ph. I, 58 fig. II ; *Chtonoplastes Lyngbyei* id. fig. I ; *Cht. anguiformis* id. pl. 57 fig. 1.

FRANCE : Nord-Ouest, Extr.O. Forme le sol habituel des marais salants.

M. tenerrimus Gom. Gom. Mon. Osc. p. 93, pl. XIV fig. 9 à 11.

FRANCE : Nord, sur *Rhodochorton Rothii.*—Extr.O.

LYNGBYA Agardh.

L. aestuarii Liebm. Gom. Mon. Osc. p. 147, pl. III fig. 1 et 2 ; Debr. p. 33.—Le Jol. nº 254 et 274.—*Oscillatoria litoralis* Carm. Harv. nº 372 pl. 105 A.—*Calothrix semiplena* Cr. nº 327.—*Oscillatoria majuscula* Cr. nº 327.—*Lyngbya aeruginosa* Kütz, T. ph. I, 88 fig. VII.—*L. interrupta* id. fig. IV ; *L. obscura* id. fig. II etc. etc.

JERSEY : St. Aubin (H.V.H., 1904).
FRANCE : Nord, Cherbourg, Ouest, et Ext.O.
BELGIQUE : Sur moules à Blankenberghe.

L. majuscula Harv. Gom. Mon. Osc. p. 151, pl. III fig. 3-4 ; Kütz. T. ph. I 90 fig. I etc. ; Harv. Phyc. br. nº 365 pl 62 ; Hauck, p. 504.—Le Jol. nº 94 ; Cr. nº 337.

JERSEY : Mourier Bay (H.V.H.) ; Grouville (Herb. Piquet).
GUERNESEY : Cobo, flaques à hauteur de mi-marée (E. Marq.).
ALDERNEY : Flaque rocheuse près le Fort Houmet (E. Marq.).
FRANCE : Nord, Cherbourg, Ouest, Extr.O.
BELGIQUE : Chenal de Nieuport.

L. confervoides C. Ag. Gom. Osc. p. 156, pl. III fig. 5-6 ; Debr. p. 34.—*Lyngbya luteo-fusca* Kütz.—Le Jol. nº 114.—*Lyngbya luteo-fusca* Kütz. var *subviridis* Le Jol. nº 193.—*Calothrix obscura* Cr. nº 339. *Lyngbya luteo fusca* Kütz. T. phyc. I, 88, VI.—*Leibleinia Cirrhulus* T. phyc. I, 85, 111 ; *Leibleinia caespitula* Kütz. T. Ph. I, 85.

FRANCE : Nord, Cherbourg, Ouest, et Extr.O.

L. semiplena J. Ag. Gom. Osc. p. 158 pl. III fig. 7 à 11 ; Debr. p. 34.—Holmes nº 86. — *Lyngbya conjesta* Cr. nº 338.—*Leibleinia sordida* Kütz. Le Jol. nº 232.—Kütz. T. Ph. I, 85, V ; *Leibleinia semiplena* Kütz. T. Ph. I, 85, 1 ; etc.

GUERNESEY : Petit Port ; Cobo, St. Martin's Point, Fermain (E. Marq.).
FRANCE : Nord, Cherbourg, Ouest, et Extr.O.

L. lutea (Ag.) Gom. Gom. Mon. Osc. p. 161 pl. III fig. 12 et 13 : Debr. p. 34.—*Leibleinia Hofmanni* Kütz. T. Ph. I, 84, IV.

FRANCE : Nord-Ouest, Extr.O.

SYMPLOCA Kützing.

S. hydnoides (Carm.) Kütz. Gom. Osc. p. 126 pl. II fig. 1-4 ;
Kütz. T. Ph. I, 76, 11 etc.—Hauck p. 516 fig. 223.—*Calothrix semi-plena* Harv. 362 pl. 309.—*Calothrix hydnoides* Cr. n° 345.—*Symploca Harveyi* Le Jol. 139.—*Symploca fasciculata* Kütz. Holmes n° 74.—
S. hydnoides var. fasciculata Gom.

GUERNESEY : Fermain, commun sur les corallines croissant à limite
de haute marée ; Grandes Rocques, Cobo, C. (E. Marq.).
FRANCE : De Cherbourg à l'Extr.O.

PHORMIDIUM Kützing.

Ph. tinctorium Kütz. Gom. Osc. p. 182 pl. IV fig. 11.—*Ph. smaragdinum* Kütz. T. ph. I, 49, 6.—*Oscillaria tinctoria* Cr. Fl. p. 113 ;
O. Pharaonis Duby Bot. Gall.

FRANCE : N. (Wimereux : De Block !) O.

Ph. persicinum (Reinke) Gom. Gom. Osc. p. 182 ; Debr. p. 35.
—*Lyngbya persicina* Reinke Alg. West Ost. p. 91.
FRANCE : N.

Ph. submembranaceum (Ardiss. et Stroff.) Gom. Gom. Osc.
p. 200 pl. V fig. 13 ; Debr. p. 35.
FRANCE : N.

Ph. favosum (Bory) Gom. Gom. Osc. p. 200 pl. V fig. 14 et 15 ;
Debr. p. 35.
FRANCE : Nord, Cherbourg, O., Extr.O.

Ph. subfuscum (Ag.) Kütz. Gom. Osc. p. 202 pl. V fig. 17 à 10
Debr. p. 35.
FRANCE : Nord.

PLECTONEMA Thuret.

P. terebrans Born. et Flah. Born. et Flah. Plantes vivant
dans le test. calc. des Moll. p. 18 Pl. X fig. 5 et 6.

ALDERNEY : Platte Saline, dans des coquilles de *Trochus* (E. Marq.).—
FRANCE : Ouest.

OSCILLATORIA Vaucher.

O. Bonnemaisonii Cr. Gom. Osc. p. 235 pl. VI fig. 17-18.—
Debr. p. 36.—*O. colubrina* Thur. in Le Jol. p. 26 pl. 1 fig. 2 ; Hauck,
p. 508 ; Le Jol n° 216.
FRANCE : N.-Cherbourg, Ouest, Extr.O.

O. margaritifera Kütz. Gom. Osc. p. 236 pl. VI fig. 19 ; Kütz. T. pl. 1, 43, X ; Debr. p. 37.—*O. insignis* Thur. in Harv. Phyc. br. 397 pl. 251 fig. c.

FRANCE : Nord (Courseulles) Extr.O.

O. nigro-viridis Thur. Gom. Osc. p. 237 pl. VI fig. 20 ; Debr. p. 37 ; Harv. Phyc. br. nº 375 pl. 251 ; Cr. nº 326.—*O. limosa ß. chalybaea* Cr. Le Jol. nº 133.

FRANCE : Cherbourg, O.

O. corallinae (Kütz.) Gom. Gom. Osc. p. 238 pl. VI fig. 21.— *Lebleinia corallinae* Kütz. T. ph. I, 82, V.—*O. capucina* Cr. nº 329 —Holmes nº 69.

GUERNESEY : Indiqué par M. Batters.
FRANCE : N., O., Extr.O.

O. tenuis Ag. Gom. Osc. p. 240 pl. VII fig. 2 et 3.—Debr. p. 37. —*O. limosa* Kütz. T. ph. I, 41, II etc.—*O. tergestina, tenuis, viridis, natans.*

FRANCE : N., Extr.-Ouest (espèce d'eau douce).

O. amphibia Ag. Gom. Osc. p. 241 pl. VII fig. 4-5 ; Debr. p 38.
FRANCE : Nord.

O. subuliformis Kütz. Gom. Osc. p. 246 pl. VII fig. 10 ; Debr. p. 38 *non* Le Jol. nº 174.

FRANCE : Nord, Extr.O.

O. laetevirens Cr. Gom. Osc. p. 246 pl. VII fig. 10 ; Debr. p. 246.

FRANCE : Nord, Cherbourg, Ouest.

O. brevis Kütz. Gom. Osc. p. 249 pl. VII fig. 14 et 15 ; Kütz. T. ph. I, 39, VI ; Debr. p. 38.—*O. subuliformis* Le Jol. nº 174.—*O. neapolitana* Kütz. T. ph. I, 39, IV.

FRANCE : Nord, Cherbourg, Ouest.

O. Okenis Ag. Gom. Osc. p. 257 pl. VII fig. 18 ; Debr. p. 23.
FRANCE : Nord.

SPIRULINA Turpin.

S. Meneghiniana Zan. Gom. Mon. Osc. p. 270 pl. VII fig. 28. —*S. Zanardini* Hauck p. 271 ; Kütz. T. ph. I, 37, X.

FRANCE : Ouest (Carteret, Lebel in herbier Thuret).

S. major Kütz. Gom. Osc. p. 271 pl. VII fig. 29 ; Debr. p. 39. —*S. tenuissima* Cr. nº 323.—*S. oscillarioides* Kütz. T. ph. 1, 37, VIII.

FRANCE : Nord-Ouest, Extr. O.

S. subtilissima Kütz. Gom. Osc. p. 272 pl. VII fig. 30 ; Debr. p. 39.

FRANCE : Nord.

S. subsalsa Oersted. Gom. Osc. p. 273 pl. VII fig. 32 ; Kütz. T. ph. 1, 37, VI ; Debr. p. 39.—*S. tenuissima* Kütz. Harv. Phyc. nº 378 pl. 105 c. ; Kütz. T. ph. 1, 37, IV.—*S. Thureti* Cr. Le Jol. Liste p. 26 pl. 1 fig. 1.—Le Jol nº 199.—*S. Thureti* Hauck p. 511 fig. 227.—*Oscillaria oceanica* Cr. nº 324 ; Holmes nº 73.

JERSEY : St. Aubin sur patelles en épave (H.V.H.).

FRANCE : Nord, Cherbourg, Ouest, Extr.O.

BELGIQUE : Ancien chenal d'Axel.

S. labyrinthiformis (Menegh.) Gom. Gom. Osc. p. 275 ; Debr. p. 40.

FRANCE : Nord, Cherbourg.

HÉTÉROCYSTÉES.

RIVULARIACÉES.

AMPHITHRIX (Kützing) Bornet et Flahault.

A. violacea (Kütz.) Born et Flah. Born. et Fl. *Nostocacées* p. 344 ; Debr. p. 40.—*Hyphcothrix violacea* Kütz. T. ph. 1, 66, III.

FRANCE : Calvados (Bréb.) Brest (Cr.).

CALOTHRIX Agardh.

C. confervicola (Roth) Ag. Born et Flah. Nost. p. 349 ; Debr. p. 41 ; Harv. Ph. br. nº 356 pl. 25.—Cr. nº 340 et 41.—*Lebleinia Chalyboea* Kütz. Le Jol. nº 152.—Kütz. T. ph. I, 84, 1.—*Lebleinia purpurea* Kütz. T. ph. 1, 84, II.

JERSEY : St. Aubin sur *Enteromorpha* (Piq.). Semble abondant partout en Juillet-Août (Bell).

GUERNESEY : Parasite sur algues filamenteuses, commun en automne sur toutes les parties de la côte (Ed. Marq.).

FRANCE : Nord, Cherbourg, Ouest, Extr.O.

C. scopulorum (Webb. et Mohr.) Ag. Born et Flah. Nost. p. 353 ; Debr. p. 51 ; Harv. Phyc. br. nº 359 pl. 58 b ; Hauck p. 493. —Le Jol nº 261 ; Cr. nº 342.—*Schizosiphon scopulorum* Webb. et Mohr. Le Jol. nº 158.—Kütz. T. ph. II, 50, V.—*Schizosiphon rupicola* Kütz. T. ph. II, 48, IV.

GUERNESEY : Lihou Island ; Cobo ; Bec-du-nez (E. Marq.).

ALDERNEY : Platte Saline ; Longy (E. Marq.).

FRANCE : Nord, Cherbourg, Ouest, Extr.Ouest.

BELGIQUE : Ostende (pilotis et murs du port).

C. Contarenii (Zan.) Born. et Flah. *Mastigonema Contarenii* Kütz.

FRANCE : Ouest (St. Malo, Bornet), Extr.O.

C. pulvinata (Mert.) Ag. Born. et Flah. Nost. p. 356 ; Hauck p. 494 ; Reinb. p. 167. Born. notes alg. p. 61 pl. 39.—*C. hydnoides* Harv. Phyc. br. n° 363 pl. 306.—*C. caespitula* Harv. Phyc. br. n° 364 pl. 305.—*C. panosa* Harv. Phyc. br. n° 361 pl. 76 (très mauvaise fig.) —*C. panosa* West et Wall. n° 893—Cr. n° 344.—*Schizosiphon Lenormandi* Kütz. Le Jol. n° 178.—*Symphiosiphon pulvinatus* Kütz. 1, 41, IV.

ILES NORMANDES (fide Batters) Ou ?
FRANCE : Cherbourg, Ouest, Extr.Ouest.
BELGIQUE : Sur pilotis : Ostende, La Panne.

C. parasitica (Chauv.) Thur. Born et Thur. Not. Alg. p. 157 pl. 37 fig. 7—10 ; Born. et Flah. Nost. p. 357 ; Hauck p. 493 ; Reinb. p. 166.—*Schizosiphon parasiticum* Le Jol. n° 237.—*Rivularia parasitica* Chauv. Holmes n° 47.

ALDERNEY : Longy Bay dans les cellules corticales du *Castagnea virescens* (E. Marq.).
FRANCE : Cherbourg, Ouest, Extr.Ouest.

C. aeruginea (Kütz.) Thur. Born. et Thur. Notes Alg. p. 157 pl. 37 ; Born. et Flah. Nost. p. 358 ; Debr. p. 42.—*Leibleinia aeruginea* Kütz. Le Jol. n° 253 ; Kütz. T. ph. I, 83.

FRANCE : Nord, Cherbourg, Extr.Ouest.

C. crustacea Thur. Born. et Thur. Notes alg. fasc. I p. 13—16 pl. IV ; Born. et Flah. Nost. p 358 ; Debr. p. 42—Holmes n° 27.— *Schizosiphon lasiopus* Kütz. Le Jol. n° 219—Kütz. T. ph. II, 49.

ALDERNEY : Platte Saline, associé au *Rivularia atra*, dans les crevasses de roches, à hauteur de haute marée (E. Marq.).
FRANCE : Nord, Cherbourg, Ouest, sur Patelles et sur roches ; Extr. Ouest.

RIVULARIA (Roth) Agardh.

R. Biasolettiana Menegh. Born. et Flah. Nost. p. 352 Hauck p. 498 ; Debr. p. 42.—*Schizosiphon Warreniae* Harv. Phyc. br. n° 354 pl. 316.—*Dasyactis Biasolettiana* Kütz. T. ph. II, 72 ; *D. salinus* id. II, 71 ; *Geocyclus oscillarinus* id. II, 57.

GUERNESEY : Flaques des rochers à haute mer à Fermain Point, Dripping Cliff ; Petit Port (E. Marq.).
ALDERNEY : Flaque de rocheprès le fort Albert.
FRANCE : Nord, Cherbourg, Ouest.
BELGIQUE : Pilotis du port d'Ostende.

R. atra Roth. Born. et Flah. Nost. p. 353 ; Harv. Phyc. br. n° 351 pl. 239 ; Hauck p. 497 ; Debr. p. 43; Cr. n° 336.— *R. confluens* Cr. 335.—*Dasyactis salina* et *Euactis Lenormandiana* Le Jol. n° 129 et 189.—*Euactis atra* Kütz. T. ph. II, 74 ; *E. amoena* et *E. marina* id. II, 74.—*E. Lenormandiana* id. II, 75.

JERSEY : Petit Port, Noirmont Tower (H.V.H.).
GUERNESEY : Commun sur les rochers (E. Marq.).
ALDERNEY : Commun à Braye Bay, Longy (E. Marq.).
FRANCE : Nord, Cherbourg, Ouest, Extr. Ouest.
BELGIQUE : Blankenberghe et Ostende, sur les pierres des jetées et des digues.

R. nitida Ag. Born. et Flah. Nost. p. 357—Holmes n° 271.— *Physactis plicata* Kütz. West. et Wall. n° 1346 ; Kütz. T. ph. II, 59 fig. III.

JERSEY : Grouville Bay (Miss Turner in herb. Piq.).
FRANCE : Cherbourg, Ouest, Extr. Ouest.
BELGIQUE : Ostende, sur le limon du port (Kx. et Cl. Dumont).

R. bullata Berk. Born. et Flah. Nost. p. 358 ; R. nitida in Harv. Phyc. br. n° 353 pl. 68—Cr. n° 332.—*Physactis pilifera* Le Jol n° 99 ; Hohen. alg. mar. sicc n° 51.—*Physactis nitida* West. et Wall. n° 1347.—*Physactis bullata* Kütz. T. ph. II, 58, 111 ; *Ph. spiralis*, id. II, 59, I.—*Ph. lobata* II, 59, II.

JERSEY : Rozel sur rochers à marée basse (en août 1902 Bell.).
GUERNESEY : Commun sur toute la côte (E. Marq.).
ALDERNEY : Fort Houmet, Braye Bay, Longy (E. Marq.).
FRANCE : Ouest, Extr. Ouest.
BELGIQUE : Ostende, Nieuport ; sur pierres des jetées et sur balanes.

GLOEOTRICHIA J. Agardh.

G. punctulata Thur. Born. et Thur. Notes alg. p. 168 pl. XLII ; Born. et Flah. Nost. p. 369—Le Jol. n° 251.—*Rivularia angulosa* Kütz. T. ph. II, 67, II.

FRANCE : Cherbourg en eau saumâtre.

ISACTIS Thuret.

I. plana (Kütz.) Thur. Born. et Flah. Nost. p. 344 Born. et Thur. notes alg. p. 163 pl. XL Cr. n° 344.—*Dasyactis plana* Kütz. T. ph. II, 73, 1.

Non encore signalé dans notre rayon mais se trouve dans les environs de Tatihou et dans le Finistère (Extr. Ouest).

BRACHYTRICHIA Zanardini.

B. Balani (Lloyd) Born et Flah. Born et Flah. Nost. II p. 372
—Debr. p. 43.—*Hormactis Balani* Thur. Hauck p. 500 fig. 219—Le
Jol. n° 272.

JERSEY : Portelet, Rozel, Noirmont (H.V.H.) sur *Codium tomentosum*.
FRANCE : Nord, Cherbourg, Extr.Ouest.

SCYTOTÉMACÉES.

MICROCHAETE Thuret.

M. grisea Thur. Born. et Thur. Notes alg. p. 127 Pl. XXX
Born. et Flah. Nost. p. 85 Debr. p. 84.

FRANCE : Nord, Extr.Ouest.

HASSALIA Berkeley.

H. Boutcillei (Brebisson et Desmaz.) Born. et Flah. Born. et
Flah. Nost. p. 116 ; Debr. p. 44.—*Sirosiphon Bouteillei* Bréb. et
Desmaz.

FRANCE : Nord (algue aérienne), base de la falaise de Fécamp au-
dessus des hautes mers (Debray).

SIROSIPHONACÉES.

MASTIGOCOLEUS Lagerheim.

M. testarum Lagerh. Notarisia 1886 p. 65 pl. 1 ; Born. et
Flah. Nost. p. 54 ; Born. et Flah. Alg. test. calc. moll. p. 16 pl. X
fig. 4 ; Reinb. p. 169—Holmes n° 184.

JERSEY : Dans des patelles rejetées sur la plage à St. Aubin
(H.V.H.).
GUERNESEY : Indiqué par M. Batters.
ALDERNEY : Dans des coquillages (E. Marq.).
FRANCE : Extr.O.

NOSTOCACÉES.

NOSTOC Vaucher.

N. Linckia (Roth) Born. Born. et Thur. Notes alg. p. 86 pl. 28
fig. 1—12 Born et Flah. Nost. p. 192.—*Monormia intricata* Berk.
Harv. Phyc. br. n° 380 pl. 256.—*Nostoc Gymnosphaerium* Kütz. T.
ph. 11, 3, III.—*Anabaina intricata* Kütz. T. ph. I, 97, 1.—*Fossés saumâtres :* Hollande, Belgique, France (fide Born. et Flah.).

N. entophytum Born. Born. et Flah. Nost. p. 190.—*N. tenuissimum* Born. in Born. et Thur. Notes alg. 86 et 130 pl. XXXI.

FRANCE : Fossé saumâtre près Cherbourg (Born. et Flah.).

ANABAINA Bory.

A. variabilis Kütz. Kütz. T. ph. I, 96, IV ; Born. et Flah. Nost. p. 226 ; Holmes n° 51.—*Anabaina Thwaitesii* Cr. Fl. p 110— Le Jol. n° 241.—*Sphaerozyga Thwaitesii* Harv. n° 382, pl. 113B.— *Sph. Flotowana* Kütz. T. ph. 1 ; 95, IV.—*Merimozygia litoralis* Kütz. T. ph. II pl 44, V.

FRANCE : Cherlourg, Extr.Ouest.¯

A. torulosa Lag. Born. et Flah. Nost. p. 237.—*Sphaerozyga Carmichaelii* Harv. n° 381 pl. 113A ; Hauck p. 501 fig. 220 ; Le Jol. Liste p. 29 pl. 1 fig. 3—Cr. n° 331.—*Sphaerozyga compacta* Kütz. T. ph. 1, 95, VIII ; *S. sabulosa* Kütz. T. ph. 1, 95, 11 ; *Anabaina marina* Kütz. T. ph. 1, 92, III.

GUERNESEY : Cobo, fréquent dans les flaques à niveau de mi-marée (E. Marq.).

CHLOROPHYCÉES.

PROTOCOCCOÏDÉES.

GLOEOCYSTIS Nägeli.

G. Paroliana Näg. Debr. p. 50 ; *Gloeocapsa Paroliana* Bréb. in Kütz. T. ph. 1, p. 25 n° 174 ; t 36 fig. V.

FRANCE : Nord.

SIPHONÉES.

BRYOPSIS Lamouroux.

B. plumosa (Huds.) Ag. Harv. Phyc. br. n° 285 pl. 3 ; Hauck p. 471 fig. 208 ; Debr. p. 50 ; Kütz. T. ph. VI pl 83 ; *B. abietina* Kütz. id. VI pl. 80 ;—Cr. n° 400 ; Le Jol. n° 82.

JERSEY : St. Brelade vers le Fret ; Ste. Cathérine ; Bouley Bay ; St. John ; Corbière ; Havre Giffard ; Grève-au-Lançon (H.V.H.) ; Grouville (Piq.).

GUERNESEY : Moulin Huet ; Bordeaux ; Spur Point (E. Marq.).

ALDERNEY : Fort Houmet ; Platte Saline (E. Marq.).

BELGIQUE : Sur les pierres et les pieux du Canal de Bruges à Ostende (De Wild).—Nous n'y avons pas retrouvé l'algue en 1903, elle aura probablement été détruite par les modifications apportées au canal.

FRANCE : Du Nord à l'Extrême Ouest.

ß. forma adriatica Hauck ; *B. adriatica* Menegh ; *B. cupressoides* Kütz. T. ph. VI p. 28 pl. 79.

JERSEY : La Rocco Tower (St. Ouen's Bay) ; St. Brelade (H.V.H.).

B. hypnoides Lam. Harv. Phyc. br. n° 285 pl. 119 ; Debr. p. 51
—Cr. n° 401 ; Le Jol. n° 61 ; Holmes n° 228.

JERSEY : Pointe-des-Pas (Herb. Piq.) ; Gorey (Bell.).
GUERNESEY : Tout le long de la côte mais non commun (E. Marq.).
ALDERNEY : Corbelets ; Fort Houmet (E. Marq.).
SARK : (E. Marq.).
BELGIQUE : Ostende, en épave.
FRANCE : Nord, Cherbourg, Ouest, Extr.Ouest.

DERBESIA Solander.

D. tenuissima (De Not.) Cr. Hauck p. 476 ; *Bryopsis tenuissima*
De Not., Kütz. Spec. p. 490, T. ph. VI pl. 71 fig. 1 ; *Derbesia marina*
Sol. Holmes n° 109.

FRANCE : Cherbourg, Extr.O.

CODIUM Stackhouse.

C. Bursa Stackh. Harv. phyc. br. n° 280 pl. 290 ; Hauck, p. 479,
Kütz. T. ph. VI pl. 99 fig. 1—Cr. n° 404.

JERSEY : Parfois fixé, d'autres fois en épave—Fliquet Bay ; Bouley
Bay (H.V.H.) ; Rozel (Piq.) ; Ste. Cathérine (de Bell.).
FRANCE : Ouest.

C. tomentosum (Stackh.) Huds. Harv. Phyc. br. n° 283 pl. 93 ;
Hauck p. 479 ; Debr. p. 51 ; Kütz. T. ph. VI pl. 94—Cr. n° 402 ;
Le Jol. n° 204 ; Hohenh. n° 59.

JERSEY : Un peu partout mais peu abondant—St. Brelade, Portelet ;
St. Ouen, etc., etc. (H.V.H.) ; Grouville (Piq.).
GUERNESEY : Très commun (E. Marq.).
ALDERNEY : Clanque ; Corbelets ; Longy (E. Marq.).
FRANCE : Nord, Cherbourg, Ouest, Extr.O.

C. adhaerens (Cabr.) Ag. Harv. phyc. brit. n° 281 pl. 35A ;
Hauck p. 479 ; Kütz. T. ph. VI pl. 100 fig. 1 ; *C. arabicum* id. pl.
100 fig. 2—Cr. n° 403.

JERSEY : St. Aubin sur un *Pecten maximus*, 1903 (H.V.H.).
GUERNESEY : Moulin Huet ; Bordeaux ; Spur Point (E. Marq.).
ALDERNEY : Longy Bay (E. Marq.).
FRANCE : Extr.Ouest.

VAUCHERIA De Caudolle.

V. dichotoma (L.) Ag. *forma marina Hauck.* Hauck. p. 412—
Debr. p. 52—Holmes n° 49.—*Vaucheria submarina* Berk. Harv.
Phyc. br. n° 286 pl. 350B.

FRANCE : Nord (Dupray !), Ouest.

V. Thuretii Woron. Hauck p. 413—Debr. p. 52—Holmes n° 75. —*Vaucheria velutina* Harv. Phyc. br. n° 288 pl. 321 part.

FRANCE : Nord (Havre, Dupray !), Extr.Ouest.

V. Synandra Woron. Hauck p. 415 fig. 186—Debr. p. 53.

FRANCE : Embouchure de la Seine au Havre (Dupray !)

V. piloboloides Thur. Le Jol. Liste des algues marines de Cherbourg p. 65 pl. 1 fig. 4-5—Hauck p. 413 fig. 183.—*Vaucheria fuscescens* Kütz. T. ph. VI pl. 55.—*Derbesia marina* Cr. n° 398.

FRANCE : Cherbourg, Ouest, Extr.O.

V. litorea Hoffm. Debr. p. 53—Holmes n° 125.

FRANCE : Nord (Dupray !)

SIPHONOCLADÉES.

GOMONTIA Bornet et Flahault.

G. polyrrhiza (Lag.) Born. et Flah. Born. et Flah. Algues perf. 1889 p. 12 pl. VI—VII—VIII ; Debr. p. 53.

JERSEY : St. Aubin, sur vieilles coquilles de *Patelle*, 1903 (H.V.H.). FRANCE : Nord, Normandie, Ouest, Extr.O.

OSTREOBIUM Bornet et Flahault.

O. Quekettii Bornet et Flahault. Born. et Flah. Alg. perf. 1889 p. 15 pl. IX fig. 5—8.

JERSEY : St. Aubin 1903, sur vieilles coquilles de *Buccinum Anomia* et *Patella* de même que sur vieilles coquilles d'huîtres (H.V.H.).

forma rosea Batt.

St. Aubin 1903, mêmes coquilles (H.V.H.).

CHAETOMORPHA Kütz.

Ch. tortuosa (Dillw.) Kütz. Kütz. T. ph. III pl. 51—Hauck p. 439.—*Ch. callithrix* Kütz. T. ph. III, 51.—*Spongiopsis mediterranea* Kütz. id. III, 50.

JERSEY : Indiqué dans le catalogue de M. Batters sans autre détail. GUERNESEY : Petit Port ; Bec-du-nez ; La Valette (E. Marq.). FRANCE : Ouest et Extr.O.

Ch. gracilis Kütz. Kütz. Spec. Alg. p. 376 ; id. T. ph. III pl. 52 fig. 1 ; Hauck p. 440.

FRANCE : Cherbourg, Ouest.

Ch. fibrosa Kütz. Kütz. T. ph. III pl. 52 fig. 5 ; id. Spec. Alg. p. 376.

FRANCE : Cherbourg.

Ch. Linum (Muell.) Kütz. Kütz. Phyc. germ. p. 204 ; Hauck
p. 439 ; *Conferva sutoria* (Berk.) Harv. phyc. br. n° 320 pl. 150B ;—
Cr. n° 352—*Chaetomorpha setacea* Kütz. T. ph. III pl. 54 ; *Ch. dal-matica* Ktz. id. III pl. 55 ; *Ch. brachyarthra* id. III, pl. 53.

JERSEY : La Pulente ; Petit Port ; St. Clément ; Corbière (ancien
parc-aux-huîtres de la grotte des Pirates) ; Portelet ; Noirmont
(H.V.H.).
FRANCE : Cherbourg, Ouest, Extr.O.
BELGIQUE : Nieuport.

Ch. crassa (Ag.) Kütz. Kütz. T. ph. III fig. 59 ; *Conferva crassa*
Ag. ; *Conferva Linum* Harv. phyc. br. n° 319 pl. 150 ; *Chaetomorpha
torulosa* Kütz. T. ph. III pl. 61.

GUERNESEY : Flaques des roches près Bec-du-nez (E. Marq.). Rare.
BELGIQUE : Philippine (Escaut) Kickx.

Ch. aërea (Dillw.) Kütz. Debr. p. 53 ; Kütz. T. ph. III pl. 59 ;
Conferva aërea Dillw. Harv. phyc. br. n° 324 pl. 99B—Cr. n° 351 ;
Chaetomorpha princeps Kütz. T. ph. III pl. 61 fig. III ; *Ch. urbica*
id, III pl. 54 ; *Ch. vasta* Kütz. id. III pl. 56 et 57.

JERSEY : Ste. Cathérine ; L'Etac ; Noirmont Tower ; St. Aubin ;
Petit Port (H.V.H.) ; Grouville (Miss Turner in herb. Piq.).
GUERNESEY : Commun ;—*forma baltica :* Bordeaux (E. Marq.)
ALDERNEY : Corbelets ; Longy (E. Marq.).
FRANCE : Nord, Cherbourg, Ouest, Extr.O.

Ch. Melagonium (Webb et Mohr.) Kütz. Kütz. T. ph. III pl. 61 ;
Debr. p. 54 ; Hauck p. 437 ; *Conferva Melagonium* Harv. Phyc. br.
n° 323 pl. 99B.

JERSEY : Le Fret (Piq.).
FRANCE : Nord, Cherbourg, Ouest.

RHIZOCLONIUM Kützing.

R. riparium (Roth.) Harv. Harv. phyc. brit. n° 314 pl. 228 ;
Hauck p. 444 fig. 194 ; *Rh. salinum* Kütz. T. ph. III pl. 68 fig. IV ;
Debr. p. 55.—Le Jol. n° 38 ; Holmes n° 253.

JERSEY : Ste. Cathérine (H.V.H.).
ALDERNEY : Platte Saline (E. Marq.).
FRANCE : Nord, Cherbourg, Ouest, Extr.O.
BELGIQUE : Ostende (Pilotis du Port).

R. Kochianum Kütz. Kütz. T. ph. III pl. 75—Hauck p. 444 ;
Cooke : Brit. Freshw. Alg. p. 141 pl. 54 fig. 8—Le Jol. n° 236.

JERSEY : Ste. Cathérine (H.V.H.).
FRANCE : Cherbourg, Ouest, Extr.O.

R. tortuosum (Dillw). Kütz. Kütz. T. Ph. III pl. 68 fig. I ;
Hauck p. 443.—Le Jol. n⁰ 136 ; *Conferva implexa* Harv. ph. br.
n⁰ 322 pl. 54ʙ ; *R. capillare* Kütz. Debr. p. 55.

JERSEY : Herb. Piq.
GUERNESEY : Petit Bot ; Moulin Huet (E. Marq.).
ALDERNEY : Longy Bay ; Plate Saline (E. Marq.).
FRANCE : Nord, Cherbourg, Ouest, Extr.O.
BELGIQUE : Selon de Toni, mais n'est mentionné par aucun auteur
belge (Chalon).

CLADOPHORA Kützing.

A *Spongomorpha.*

Cl. arcta (Dillw.) Kütz. Harv. ph. br. n⁰ 307 pl. 135 ; Hauck
p. 445—Cr. n⁰ 375 ; Le Jol. n⁰ 145 ;—*Spongomorpha arcta* Kütz. T.
ph. IV pl. 74 incl. *S. cymosa ;* id. *S. arctiuscula* et *S. spinescens* IV
pl. 75.

JERSEY : Pointe des Pas (Piq.).
GUERNESEY : Bec-du-nez ; Cobo (E. Marq.).
ALDERNEY : Clanque (E. Marq.).
FRANCE : Nord, Cherbourg, Ouest, Extr.O.

Cl. lanosa (Roth.) Kütz. Harv. Phyc. br. n⁰ 305 pl. 6 ; Hauck
p. 447—Le Jol. n⁰ 3 ;—*Spongomorpha lanosa* Kütz. T. ph.
IV, pl. 83 incl. *S. villosa.*

JERSEY : St. Brelade ; Portelet ; St. Clément ; Rozel (H.V.H.).
ALDERNEY : Longy ; Clanque (E. Marq.).
FRANCE : N., Cherbourg, O.
BELGIQUE : Ostende (Epave).

forma uncialis Hauck ; Cl. uncialis Harv. Phyc. br. n⁰ 306 pl. 207 ;
Hauck p. 447 Debr, p. 56 ; Le Jol. ;—*Spongomorpha uncialis* Kütz.
T. 82 fig. 80 et 82.

JERSEY : Pointe des Pas (Piq.).
ALDERNEY : Braye Bay (E. Marq.).
FRANCE : Du N. à l'Extr.O.

B *Aegagrophila.*

Cl. repens (J. Ag.) Harv. Harv. Phyc. br. n⁰ 290 pl. 336 ; Hauck
p. 459—Cr. n⁰ 358 ; Le Jol. n⁰ 24.—*Aegagrophila repens* Kütz. T.
phyc. IV. pl. 70.

JERSEY : Mlle. Turner, R.R.R.
GUERNESEY : Mlle. Lelièvre, R.R.R.
FRANCE : Cherbourg (A. C.), O., Extr.O.

C *Eucladophora.*

Cl. Hutchinsiae (Dillw.) Kütz. Harv. Phyc. brit. nº 294 pl. 124 ;
Debr. p. 57 Hauck p. 453 ; Kütz T. phyc. III pl. 87 fig. 1. Le Jol.
nº 203 ;—*Cl. Hutchinsiae β distans* Kütz ; *Cl. diffusa* Harv. Phyc. br.
nº 295 pl. 130 ; Kütz. T. phyc. III pl. 88 fig. 1.
JERSEY : Baie de St. Clément (in Herb. Piq.).
GUERNESEY : Fréquent tout autour de l'île (E. Marq.).
FRANCE : N., Cherbourg, O., Extr.O.

Cl. rectangularis (Griff.) Harv. Harv. Phyc. br. nº 292 pl. 12 ;
Hauck p. 455 ; Kütz. T. ph. III pl. 100 fig. 2.—Le Jol. nº 46 ; Cr.
nº 361 ; Holmes nº 233.
FRANCE : Cherbourg, O., Extr.O.

Cl. pellucida (Huds.) Kütz. Harv. Phyc. br. nº 291 pl. 174 ; Hauck
p. 451 ; Debr. p. 57 ; John et Croall. pl. 186 ; Kütz. T. ph. III pl. 83
fig. II—Cr. nº 360.
JERSEY : Corbière ; Portelet ; Noirmont ; Elizabeth Castle ; Rozel ;
    Anne-Port ; La Rocco Tower (H.V.H.) ; Le Fret Point ; Grou-
    ville (Piq.).
GUERNESEY : Sur les côtés des flaques des roches profondes : Cobo ;
    Petit-Port ; Vazon Bay (E. Marq.).
FRANCE : Nord, Cherbourg, Ouest, Extr.O.

Cl. prolifera (Roth.) Kütz. Kütz. T. ph. III pl. 82 fig. 3 ; Hauck
p. 450—Holmes nº 32.
BELGIQUE : Jetées à Blankenberghe.
FRANCE : Ouest (Grouville, Lenormand), Extr.O.

Cl. ruprestis (L.) Kütz. Harv. Phyc. br. nº 297 pl. 180—Kütz.
T. ph. IV pl. 3 fig. 1 ; Debr. p. 57 ; Hauck p. 452—Cr. nº 369, Le Jol.
nº 47 ; Holmes nº 102.
JERSEY : Dans presque toutes les baies, surtout dans les flaques à
    mi-marée (H.V.H.).
GUERNESEY : Commun (E. Marq.).
ALDERNEY : Clanque ; Corbelets ; Longy (E. Marq.).
BELGIQUE : Ostende (port) ; Nieuport (Chenal) sur pierres. (Kx.).
FRANCE : Sur toute la côte.

Cl. Macallana Harv. Harv. Phyc. br. nº 293 pl. 84 ; Johns. et
Croall p. 30 fig. 1-2.
FRANCE : Cherbourg, Ouest, Extr. O.   A.R.

Cl. utriculosa Kütz. Kütz. T. ph. III, pl. 90 fig. 1 ; Hauck p. 454 ;
Debr. p. 57 ;—Holmes nº 131.
JERSEY : Portelet (H.V.H.).
BELGIQUE : Axel ; Nieuport, en épave (Kx.).
FRANCE : Nord.

var. laetevirens (Harv.). *Cl. laetevirens* Harv. Phyc. br. n° 298 pl. 190 ; Hauck p. 455 ;—*Cl. distans* Cr. n° 365.

JERSEY : Corbière Rocks ; Portelet ; Bulwark à St. Aubin ; Ste. Cathérine (H.V.H.) ; Pointe-des-Pas (Piq.) ; La Collette (Bov. Lap.).
GUERNESEY : Assez commun (E. Marq.).
ALDERNEY : Assez commun (E. Marq.).
FRANCE : Nord, Cherbourg.

var. ? falcata (Harv.) de Toni ; *Cl. falcata* Harv. Phyc. br. 309 pl. 216.

JERSEY : Mlle. White in Harv. phyc. br.—Mlle. Catlow in herbier.

Cl. hirta Kütz. Kütz. spec. Alg. p. 395 ; T. ph. IV pl. 1 fig. II— Holmes n° 57 ; *Cl. flexuosa* (Dillw.) non Harv. ;—*Cl. flexicaulis* Le Jol. n° 84.

JERSEY : Un seul échantillon, recueilli à St. Aubin (?) (H.V.H.).
FRANCE : Cherbourg R, Extr.O.

Cl. flexuosa (Griff.) Harv. Harv. Phyc. br. n° 299 pl. 353 ; Hauck p. 456—Le Jol. n° 65.—*Cl. sirocladia* Kütz. T. ph. III, pl. 89.

JERSEY : Portelet ; Noirmont Tower ; Bulwark à St. Aubin ; Ste. Cathérine, 1902 (H.V.H.).
GUERNESEY : Fermain Point ; Rocquaine Bay (E. Marq.).
ALDERNEY : Longy (E. Marq.).
FRANCE : Du N. à l'Extr.O.

Cl. laetevirens (Dillw.) Kütz. Kütz. Spec. Alg. p. 400 ; T. ph. IV pl. 15 fig. 1 ; Hauck p. 458.

BELGIQUE : Fossés d'eau saumâtre à Ostende (Kx.).
FRANCE : Nord, Cherbourg, Extr.O.

Observ. : C'est par erreur que la plante nous avait été signalée à Jersey ; vérification faite il s'agissait du *Cl. utriculosa var. laetevirens* (Harv.).

Cl. albida Kütz. Harv. Phyc. br. n° 304 pl. 275 ; Hauck p. 458 ; Kütz. T. ph. IV pl. 15 fig. II—Cr. n° 373 ; *Cl. reticulata* et *Cl. ramellosa* Kütz. T. ph. IV pl. 16.

JERSEY : Liste de Mlle. White.
GUERNESEY : Flaques à Bec-du-nez (E. Marq.).
ALDERNEY : Longy Bay (E. Marq.).
BELGIQUE : Ostende.
FRANCE : Du N. à l'Extr.O.

var. refracta Thur.

Cl. refracta Harv. Phyc. br. n° 303 pl. 24 ; Kütz. T. ph. IV fig. 10
—Holmes n° 58.

JERSEY : Liste Mlle. White.
GUERNESEY : Sur toute la côte (E. Marq.).
ALDERNEY : Clanque (E. Marq.).

Cl. expansa (Mert.) Kütz. Kütz. T. ph. III pl. 99 fig. 1 ; Hauck
p. 262.—Holmes n° 55.

FRANCE : Cherbourg, Ouest.

s. v. glomerata Thur.

FRANCE : Cherbourg.

Cl. crystallina (Roth.) Kütz.

Gazons de 2 à 30 ct. de haut, d'un vert pur ou brunâtre, les
rameaux primaires ayant 80 à 14 μ. de diamètre tandis que les
ramules n'ont que 25 à 40 μ. et naissent souvent par paire du même
côté.

Kütz. T. ph. IV pl. 19 fig. 1 ; Hauck p. 459 ;—Holmes n° 235.
Cl. sericea Kütz. T. ph. IV pl. 18 fig. 1.

JERSEY : Grève de Noirmont (H.V.H.).—Rare.
ALDERNEY : Platte Saline (E. Marq.).
BELGIQUE : Ostende.
FRANCE : Nord, Cherbourg, Ouest, Extr.O.—Rare.

Cl. trichocoma Kütz.

Gazons de 10 à 30 cent. de haut, d'un beau vert à filaments mous ;
rameaux primaires épais de 70 à 150 μ., les ramules de 25 à 50 μ. de
diamètre, fortement mais lâchement ramifiées, unilatéraux, alternes
ou ça et là opposés.

Kütz. T. ph. IV pl. 29 ; Hauck p. 461—Holmes n° 236.
Cl. nitida Kütz in de Toni (Sylloge algarum) et in J. Chalon Liste.

JERSEY : Corbière 1903 (H V.H.).—Un échantillon récolté par M.
Piquet à Portelet (?) pourrait peut-être y être aussi rapporté
(fide Reinbold).

Cl. glaucescens (Griff.) Harv. Harv. Phyc. br. n° 308 pl. 196 ;
Hauck p. 460 ; Kütz. T. p. IV pl. 24 fig. 1—Le Jol. n° 66.—*Cl. pseudo-
sericea* Cr. n° 367.

JERSEY : St. Brelade ; Elizabeth Castle ; La Rocque ; St. John ;
Anne-Port (H.V.H.).
ALDERNEY : Platte Saline (E. Marq.).
FRANCE : Cherbourg, Ouest, Extr.O.

Cl. gracilis (Griff.) Kütz.

Filaments très longs, de 1 à 3 dec. très ramifiés, d'un beau vert, ayant 100 à 140 μ. de diamètre, à ramules de 30 à 50 μ. d'épaisseur ; ramules dressés, distiques, souvent courbés.

Harv. Phyc. br. n° 300 pl. 18 ; Hauck p. 457 fig. 195 ; Kütz. T. ph. IV pl. 23 fig. II.

FRANCE : Cherbourg, Ouest, Extr.O.

Cl. pectinicornis Kütz.

Filaments d'un vert pâle. ramifiés, dichotomes, rameaux flexueux, divariqués, ramules lâchement pectinés, distiques.

Kütz. T. ph. IV pl. 14 fig. 2.

JERSEY : Ste. Cathérine ; Anne-Port, 1903 (H.V.H.).
FRANCE : Ouest, Ext.O.

Cl. subpectinata Kütz. Kütz. Spec. Alg. p. 397 ; T. ph. IV, pl. 7, fig. 2.

JERSEY : Indiqué par Kützing.

Forme douteuse.

Cl. Magdalenae Harv. Harv. Phyc. brit. n° 310 pl. 355—Johns. et Croall. pl. 65—Le Jol. n° 85.

JERSEY : Mlle. Turner.
FRANCE : Cherbourg.

Cl. fracta (Fl. Dan.) Kütz.

α **marina** Hauck p. 461. Kütz. T. ph. IV fig. 50. Harv. ph. brit. 313 n° 294—Le Jol. n° 223.

JERSEY : Corbière Rocks ; Portelet ; Noirmont Tower ; St. Aubin's Fort ; Elizabeth Castle ; La Rocque ; Ste. Cathérine ; Mourier Bay ; St. Clément ; La Rocco Tower ; Anne-Port ; La Pulente (H.V.H.).
GUERNESEY : Commun (E. Marq.).
BELGIQUE : Eaux saumâtres : Axel ; Nieuport (Kx.).

var. flavescens Harv. (non Kütz.). Harv. Phyc. br. n° 312 pl. 298.

GUERNESEY : Mare saumâtre du Pulias (E. Marq.).

var. sarniensis H.V.H.

Forme intermédiaire entre la forme *genuina* et la forme *gracilis*.

JERSEY : Ancien parc aux écrevisses à l'entrée de la grotte des Pirates à Corbière 1902 (H.V.H.).

UROSPORA Areschoug.

U. pennicilliformis (Roth.) Aresch. Debr. p. 59 ; Reinbold p. 128.
— *Ulothrix isogona* Thur. in Le Jol., Hauck p. 442.—*Hormotrichum isogonum* et *H. Youngamum* Kütz. T. ph. 3 fig. 65.—*Lyngbya speciosa* Carm. Harv. Phyc. br. n° 369 pl. 186B fide Hauck.

JERSEY : Liste de Mlle. White.
BELGIQUE : Ostende, sur pierres, *Fucus* et pilotis du port (De Wild.).
FRANCE : Nord, Cherbourg, Ouest, Extr.O.

Observ. : Debray comprend l'*Ulothrix flacca* de Thuret dans cette forme.

ULOTHRIX Kützing.

U. flacca (Dillw.) Thur. Hauck p. 442; Reinbold p. 129.—*Lyngbya flacca* Harv. Phyc. br. n° 369 pl. 300 ; *L. Carmichaelii* Harv. Phyc. br. n° 367 pl. 186A ; *Hormotrichum flaccum* Kütz. T. ph. III fig. 63 —Cr. n° 347 ; Le Jol. 113 et 169 ; *Hormotrichum Carmichaelii* Kütz. Cr. n° 348.

JERSEY : St. Brelade ; La Rocque, 1902 (H.V.H.).
FRANCE : Nord, Cherbourg, Ouest.

U. implexa Kütz. Kütz. T. ph. II, fig. 94 ; Hauck p. 441 fig. 193 ; Reinbold p. 129—*Hormiscia* de Toni.

JERSEY : Ste. Cathérine, rare, 1903 (H.V.H.).
FRANCE : Cherbourg.

PRINGSHEIMIA Reinke.

P. scutata Reinke. Reinke Algenflora West. Ostsee p. 81 ; id. Deutsch. Meer Algen pl. 25 ; Reinbold p. 126.

JERSEY : Sur *Chaetomorpha aerea* : Anne-Port et Crabbé (H.V.H.) ;
    sur *Phyllophora rubens* : Crabbé, Rozel, 1903 (H.V.H.).
FRANCE : Wimereux sur *Rodochorton Rothii*, 1904 (A. De Block).

PROTODERMA Kütz.

P. marinum Reinke. Reinke Alg. fl. West. Ostsee p. 81 Reinbold 126.

FRANCE : Nord (Wimereux, A. De Block).

MONOSTROMA Thuret.

M. laceratum Thur. Wittr. Monostr. p. 30 pl. 1 fig. 2 ; Hauck p. 422 ; Reinb. 123 —Holmes n° 186 ; *Ulva oxycocca* Kütz. in Hohen. alg. m. n° 54 ; *Ulva quaternarea* Kütz. T. ph. VI pl. 13 fig. 2.

Eaux douces et saumâtres.

FRANCE : Cherbourg, Ouest.

M. quaternarium (Kütz.) Desm. Wittr. Monostr. p. 37 pl. 1 fig. 5 ; Hauck p. 422 ; Reinb. p. 123—Holmes n° 186 ; *Ulva oxycocca* Kütz. in Hohenh. Alg. M. n° 54 ; *Ulva quaternaria* Kütz. T. Ph. VI pl. 13 fig. 2.

Eaux douces et saumâtres.

FRANCE : Cherbourg, Ouest.

M. latissimum (Kütz.) Wittr. Wittr. Mon. p. 33 T. 1 fig. 4 ; Hauck p. 102 ; Reinb. p. 123 ; *Ulva latissima* Kutz. T. ph. VI, pl. 14.

BELGIQUE : Nieuport : filet d'un pêcheur de crevettes (Kx.).
FRANCE : Ouest.

v. palmatum Ostende (W.).

M. Wittrockii Born. Born. Notes alg. II p. 176 pl. 45 ; Hauck p. 422 fig. 187 ; Reinb. p. 123.

FRANCE : Cherbourg.

Hauck le considère comme une forme marine du *M. quaternarium*

M. orbiculatum Thur. Wittr. Monostr. p. 39 pl. 2 fig. 6 ; Debr. p. 59—Le Jol. n° 173.

FRANCE : Nord (Cherbourg [localité détruite]), Extr.O.

M. fuscum (Post. et Rupr.) Wittr. Wittr. Monostr. p. 53 pl. 4 fig. 13 ; Hauck p. 425 ; Reinb. p. 125—Holm. 185 *Ulva sordida* Aresch.

FRANCE : Wimereux (H.V.H., 1906).
BELGIQUE : Bords de l'Escaut entre la Tête de Flandre (Anvers) et le Doel ; Havre de Philippine ; ancien canal d'Axel (Kx.).

M. Grevillei (Thur.) Wittr. Wittr. Monostr. p. 57 pl. 4 fig. 14 ; Hauck p. 424 ; Reinb. p. 124 ; *Ulva Lactuca* Grev. Harv. Phyc. br. n° 341 pl. 243 ; *Ulva Grevillei* Le Jol. Liste p. 57—Le Jol. n° 140 ; Cr. 386.

FRANCE : Cherbourg, Extr.O.

M. obscurum (Kütz.) J. Ag. *Ulva obscura* Kütz. Spec. Alg. p. 474 ; T. ph. IV pl. 12 fig. 2 Debr. p. 59.

FRANCE : Nord *(sur corallina)*, Extr. Ouest sur *Stypocaulon*.

ULVA.

U. lactuca (L.) Le Jol.

α *rigida Le Jol.* *U. rigida* Ag. Le Jol. n° 239 ; *U. latissima* Grev. Harv. Phyc. br. n° 340 pl. 171 pro parte.

ALDERNEY : Clanque (E. Marq.)—Rare.
FRANCE : Cherbourg.

β latissima (L.) Le Jol.—Le Jol. n° 200 ; Cr. 387.

JERSEY : Commun partout.

GUERNESEY :   „   „

ALDERNEY :   „   „

BELGIQUE : Ostende, Nieuport, Blankenberghe sur les pierres, les
jetées et les bancs de moules.—Escaut oriental (Hollande) : se
trouve abondamment dans les moules que l'on colporte dans les
rues d'Anvers.

FRANCE : Du Nord à l'Extr.O.

U. percursa (Ag.) J. Ag.   Debr. p. 66—Le Jol. n° 128 ; *Enteromorpha percursa* Harv n° 338 pl. 252 ; *Percursaria percursa* Rosenv.

JERSEY : Non encore signalé.

GUERNESEY :   „   „

ALDERNEY :   „   „

BELGIQUE : Ostende.

FRANCE : Nord, Cherbourg, Ouest.

U. enteromorpha Le Jol.   Debr. p. 60.

α lanceolata L. ; *U. Linza* Ag. ; Harv. Phyc. br. n° 342 pl. 29—Cr.
n° 388 et 389 ; Le Jol. n° 160

JERSEY : Ste. Cathérine et ça et là (H.V.H.).

GUERNESEY : Sur toute la côte, parfois abondant ça et là, comme
par ex. à Belgrave Bay (E. Marq.).

ALDERNEY : Longy ; Corbelets ; Braye (E. Marq.).

BELGIQUE : Philippine ; Ostende ; Nieuport

FRANCE : Sur toute la côte ?

β. compressa Le Jol. ; *Enteromorpha compressa* (L.) Grev. Harv.
Phyc. br. n° 332 pl. 355—Cr. n° 382.

JERSEY : Commun sur toute la côte.

GUERNESEY : Partout à niveau de haute mer (E. Marq.).

ALDERNEY : Longy ; Clanque (E, Marq.).

BELGIQUE : Anvers (Escaut) et sur toute la côte.

FRANCE : Sur toute la côte.

forma prolifera.   Enteromorpha prolifera (Muell.) J. Ag.

JERSEY : Portelet, 1902 ; Corbière Rocks ; Ste. Cathérine ; Noirmont Tower (H.V.H.).

Se trouve sur toutes les côtes européennes d'après de Toni.

forma crinita.

JERSEY : La Rocque ; La Pulente ; La Collette ; Egypte (Trinité) ;
Petit Port ; St. Clément (H.V.H.).

γ *intestinalis* (Le Jol.). *Enteromorpha intestinalis* L. Harv. Phyc. brit. n° 331 pl. 154—Cr. n° 384 ; Le Jol. n° 168 ; 187 ; 229.

JERSEY : Commun dans toutes les baies (H.V.H.).
GUERNESEY : Idem (E. Marq.).
ALDERNEY : Braye Bay (E. Marq.).
BELGIQUE : Dans les eaux salées ou saumâtres.
FRANCE : Idem.

forma ventricosa (Le Jol.). *Enteromorpha intestinalis var maxima* Cr. n° 385.
JERSEY : J. Piquet.

forma capillaris.
JERSEY : St. Aubin (H.V.H.).—Abondant.

U. clathrata Ag. Debr. p. 61.

α *Linkiana* (=*A. Agardhiana* Le Jol.). ; *Enteromorpha Linkiana* Grev. Harv. Phyc. brit. n° 333 pl. 344.
JERSEY : St. Brelade ; La Pulente (H.V.H), Grotte du Loup. (Bov. Lap.).
BELGIQUE : Ostende.
FRANCE : Sur toute la côte.

β *Rothiana* Le Jol. Le Jol. n° 110 ; *Enteromorpha clathrata* Harv. Phyc. br. n° 335 pl. n° 340.
JERSEY : St. Clément (Piq.).
GUERNESEY : Belgrave Bay; Bordeaux ; St. Martin's Point ; Grandes Rocques (E. Marq.).

s. v. gracilis.
GUERNESEY : Indiqué par M. Batters.—Rare.

γ *ramulosa* Hooker. *Enteromorpha ramulosa* Hook. Harv. Phyc. br. n° 336 pl. 225—Le Jol. n° 90 *(forma tenuis).*
JERSEY : St. Aubin ; La Pulente ; La Rocque ; La Collette (H.V.H.).

s. v. spinescens (Kütz.) *Enteromorpha spinescens* Kütz.
JERSEY : St. Brelade, roches vers Portelet, Portelet (H.V.H.).

forma tenuissima.
JERSEY : St. Ouen ; St. Brelade ; Noirmont ; Portelet (H.V.H.).

BOLBOCOLEON Pringsheim.

B. piliferum Pringsh. Pringsh. Morphol. p. 2 pl. 1 ; Hauck p. 465 fig. 201—Holmes n° 203.
ALDERNEY : Longy Bay, entre les cellules corticales du *Leathesia difformis* (E. Marq.).

ENDODERMA Lagerheim.

E. viride (Reinke) Lag. Reinke in Bot. Zeit 1876 p. 476 pl. 6
fig. 6—9 ; Hauck p. 462 fig. 198.
JERSEY : Sur *Gigartina mamillosa* La Saline 1904 (H.V.H.).

EPICLADIA Reinke.

E. Flustrae Reinke. Reinke Algen. Flor. West. Ostsee p. 86
pl. 24 ; Debr. p. 61—Holmes n° 83 ; idem var. n° 213 sur *Flustra*.
JERSEY : St. Aubin, 1903 (H.V.H.).
ALDERNEY : Platte Saline (E. Marq.).
FRANCE : Nord et probabl. sur toute la côte.
Note : Debray croit que cette algue pourrait être identique à
Endoderma viride.

CHLOROTYLIUM Kützing.

Chl. cataractarum Kütz. Kütz. Spec. Alg. p. 432 ; T. ph. V
pl. 37 ; Debr. p. 55.
Algue non marine, signalée par Debray dans les sources des
falaises mouillées par la mer dans les gros temps, dans le Nord de
la France.

PHÉOPHYCÉES.

PHEOSPORÉES.

ECTOCARPÉES.

ECTOCARPUS Lyngbye.

Sous-genre I *Streblonema* Derbes et Solander.

E. sphaericus Derb. et Sold. Reinke Algenfl. p. 4 ; Atl. Deutsch.
Meer. pl. 18 ; *Streblonema sphaericus* (Derb. et Sold.) Thur. ; Hauck
p. 323—Holmes n° 225.
FRANCE : Nord, sur *Liebmannia Leveillei*.

E. stilophorae Cr. Cr. Fl. du Finist. p. 161 ; Reinke Algenfl.
p. 42, Atl. Deutsch. Meer. pl. 19 f. 1—4.
ALDERNEY : Platte Saline (E. Marq.) dans les cellules corticales
Leathesia crispa (fide E. Marq.).
FRANCE : Extr.O. sur le *Stilophora rhizodes* (Cr.).

E. clandestinus Sauv. *Elachista clandestina* Cr. Fl. Finist. p. 160
fig. 157.
ALDERNEY : Longy Bay (E. Marq.) R.R.
FRANCE : Extr.O. R.R.

E. Valiantei Born. Born. in Sauv. sur q. q. phéosp. paras. p. 57 pl. 2 fig. 8—10.

GUERNESEY : Cobo (Mc Hamber, dans le thalle du *Cystoseira ericoides*.

FRANCE : Extr.O.

E. luteolus Sauv. Sauv. Sur quelques algues phéosporées par. in Journ. de Bot. 1892 p. 79 pl. II fig. 14—19.

JERSEY : La Rocque, 1904 (H.V.H.), dans le thalle du *Fucus vesiculosus*.

E. Microscopicus Batt. *E. investiens* (Thur.) Hauck ; Hauck p. 325 fig. 135 ; *Streblonema investicus* Thur. Le Jol. n° 138 ; Holmes n° 25.

FRANCE : Du N. à l'Extr. O. dans le thalle du *Gracilaria compressa*.

E. velutinus Kütz. Kütz. T. ph. V pl. 74 ; *Elachista velutina* Aresch. Harv. Phyc. Br. n° 65 pl. 28B (mauvaise)—Cr. n° 4 ; *Streblonema ? velutina* (Grev.) Thur.—Le Jol. n° 238.

JERSEY : Catal. Batters.

GUERNESEY :   „

BELGIQUE : Epave, sur *Himanthalia* (Kx. ; Willd).

FRANCE : Du Nord à l'Extr.O.

E. solitarius Sauv. Sur q. q. phéosporées paras. p. 97 pl. III fig. 24—27.

FRANCE : N.-O.

Note : Cette algue qui est invisible à l'œil nu vit dans les thalles âgés des *Dictyotées*.

E. volubilis Cr. Cr. Fl. Fin. p. 161 ; *Cylindrocarpus volubilis* Cr. —Cr. n° 11 ; *Streblonema volubile* Thur. Cr. Holmes n° 274.

FRANCE : Nord, Extr.O.

E. Zanardinii Cr. Cr. Fl. du Fin. p. 161—*Streblonema Zanardini* Thur. Holmes n° 249 parasite dans le *Chylocladia Kaliformis*.

JERSEY : Ste. Cathérine (H.V.H.).

GUERNESEY : Belgrave Bay, non rare ; Fermain R.R.R. (E. Marq.).

FRANCE : Ouest.

E. Pringsheimii Reinke. Reinke Algenfl. p. 42.—*Streblonema fasciculatum* Thur. Hauck p. 323 fig. 133—Le Jol. n° 100 ; Holmes n° 224.

GUERNESEY : Fermain Point (E. Marq.), dans la couche corticale du *Castagnea virescens*.

ALDERNEY : *var. simplex* Reinke : Platte Saline (E. Marq.), dans *Castagnea virescens*.

FRANCE : Cherbourg (Le Jol.), dans *Castagnea virescens*.

Sous-genre Il *Pylaiella Bory.*

E. litoralis Kütz. Harv. Phyc. br. n° 90 pl. 197 ; Kütz. T. ph. V
pl. 76 ; *E. firmus* J. Ag. ;—Le Jol. n° 68 ; Cr. n° 30 ; *Pylaiella litoralis*
(L.) Kjellm. ; Hauck p. 359 ; Debr. p. 64.

JERSEY : St. Aubin ; St. Clément ; Ste. Cathérine ; Anne-Port ;
    Corbière, etc. (H.V.H.), surtout sur *Fucus.*
GUERNESEY : Commun sur *Fucus* à marée basse (E. Marq.).
ALDERNEY : Corbelets (E. Marq.).
BELGIQUE : En épave.
FRANCE : Sur tout le littoral.

E. tomentosus (Lyngb.) Huds. Harv. Phyc. br. n° 85 pl. 182 ;
Kütz. T. ph. V pl. 85 *(sub. Spongomena)* ; Hauck p. 329 fig. 136 ;
Debr. p. 65—Cr. n° 31.

JERSEY : L'Etac (H.V.H.) ; " Côte de Jersey " in herb. Piquet.
GUERNESEY : Sur toute la côte, non rare (E. Marq.).
ALDERNEY : Clanque ; Braye (E. Marq).
BELGIQUE : Epave à Ostende.
FRANCE : Du N. à l'Extr.Ouest.

E. fasciculatus (Griff.) Harv. Harv. Phyc. br. n° 83 pl. 273 ;
Hauck p. 332 ; Debr. p. 66 ; Kütz. T. ph. V pl. 50 fig. Il ;—Cr. n° 20 ;
Le Jol. n° 27.

JERSEY : St. Aubin (Bov. Lap.).
GUERNESEY : Cobo ; Fermain ; Bordeaux ; Petit Port (E. Marq.).
ALDERNEY : Clanque (E. Marq.).
BELGIQUE : Epave à Ostende.
FRANCE : Du N. à l'Extr.O.

    var. draparnaldioïdes Cr. n° 24.

JERSEY : St. Brelade (H.V.H.).
BELGIQUE : Epave à Ostende.
FRANCE : Ouest.

E. confervoides (Roth.) Le Jol. Debr. p. 66.

Sporanges ovoïdes non prolongés en poil.	Sporanges ayant 75 à 140 μ. de long.	*f. confervoides.*
	Sporanges n'ayant que 50 à 75 μ.	*f. arctus.*
Sporanges subulés ou linéaires souvent prolongés en poil.	Spor. subulés ou linéaires subulés.	*f. siliculosus.*
	Sporanges très allongés, linéaires.	*f. subulatus.*

f. confervoides Kjellm. *E. siliculosus* Lyngb. part. ; Harv. Phyc. br. n° 80 pl. 162 ; Debr. p. 66 ; Hauck p. 330—Cr. n° 25 ; Le Jol. n° 51.

JERSEY : Commun.
GUERNESEY : Commun.
ALDERNEY : Braye Bay ; Fort Houmet (E. Marq..).
FRANCE : Sur tout le littoral.

f. arctus (Kütz.). Kütz. T. ph. V pl. 80 *(sub. corticularia)* ; Hauck p 328 fig. 134 ; Debr. p. 66 ;—Holmes n° 64 ; *E. pseudo-siliculosus* Cr. Flor. Fin. p. 162 ;—Cr. n° 27.

ALDERNEY : Braye Bay ; Fort Houmet, sur *Zostera* (E. Marq.).
FRANCE : Nord.

f. siliculosus Kütz. *E. siliculosus* Kütz. T. ph. V pl. 53 etc. ; Debr. p. 66 ; Hauck p. 331.

JERSEY :
GUERNESEY : } Commun.
ALDERNEY :
FRANCE : Sur tout le littoral.

f. subulatus (Kütz.) Hauck. Kütz. T ph. V pl. 61 ; Debr. p. 66 ; Hauck p. 331 ; *E. amphibius* Harv. Phyc. br. n° 81 pl. 183 ;—*E. hiemalis* Cr. n° 26 ; Le Jol. n° 109.

JERSEY : St. Aubin ; St. Clément ; La Rocque ; Ste. Cathérine ; Anne-Port (H.V.H.).
FRANCE : Du Nord à l'Extr.O.

Sous-genre III *Euectocarpus.*

E. Sandrianus (Zan.). Hauck p. 332 ; Kütz. T. ph. V, 52 ; —Holmes n° 137 ; *E. elegans* Thur. Le Jol. p. 77 pl. 11 fig. 1-2.

FRANCE : Cherbourg, Ouest.

E. crinitus Carm. Harv. Phyc. br. n° 86 pl. 330 ; Kütz. T. ph. V, pl. 70 ; Johnst. et Cr. III p. 177 pl. 178—Holmes n° 133.

FRANCE : Nord-Ouest.

E. Mitchellae Harv. Harv. Nereis Bor. Am. I p. 143 pl. 12B. ; *E. virescens* Thur.—Holmes n° 37.

GUERNESEY :
FRANCE : Extr.Ouest.

E. irregularis Kütz. Kütz. Spec. Alg. p. 454 ; T. ph. V, pl. 62 fig. 1 ; Hauck, p. 328.—Holmes n° 63.

JERSEY : Corbière (H.V.H.) R.R.

E. Crouani Thur. in Le Jol. Le Jol. Liste p. 75—Le Jol. n° 206 ; Holmes n° 111 ; *Ectocarpus fenestratus* Cr. n° 28.

JERSEY : St. Brelade ; Corbière ; La Pulente (H.V.H.).
BELGIQUE : Epave à Ostende.
FRANCE : De Cherbourg à l'Extr.O.

E. secundus Kütz. Kütz. T. ph. V pl. 47 fig. 1 ; Born. notes sur q. q. Ectoc. pl. 6 fig. 1—8 ; Debr. p. 67—Le Jol. n° 247.

FRANCE : Nord à Extr.O.

E. granulosus (Engl. Bot.) Ag. Harv. Phyc. br. n° 92 pl. 200 ; Hauck p. 332 ; Debr. p. 67—Cr. n° 20 ; Le Jol. n° 28 ; Holmes n° 7 ; *Corticularia brachiata* Kütz. T. ph. V pl. 81 fig. 1.

JERSEY : Havre Giffard (H.V.H.).
ALDERNEY : Clanque (E. Marq.).
SARK : (E. Marq.).
BELGIQUE : Ostende, sur les pierres du Port.
FRANCE : Du Nord à l'Extr.O.—Assez commun.

E. Lebelii (Aresch.) Cr. Cr. Flor. Fin. p. 163—Holmes n° 134 ; *Giffordia Lebelii* (Cr.) Batt.

JERSEY : St. Brelade, sur *Zostera* (H.V.H.).—Rare.
FRANCE : Ouest.

Note : Pourrait d'après de Toni n'être qu'une forme de *l'Ect. fenestratus* Harv. (Phyc. br. n° 82 pl. n° 257.

E. globifer Kütz. Kütz. T. ph. V, pl. 49 ; Born. Note sur q. q. Ect. p. 6 pl. 7 fig. 6-7 ; Hauck p. 328 ; Debr. p. 67 ;—*E. insignis* Cr. n° 14 ; Holmes, n° 34 ; *E. caespitulus* Holmes n° 62.

FRANCE : Nord, Cherbourg, Ouest et Extr.O.

E. Hincksiœ Harv. Harv. Phyc. br. n° 84 pl. 22 ; Johnst. et Cr. III p. 173 pl. 176—Cr. n° 21 et 22 ; Le Jol. n° 28 ; Holmes n° 180.

FRANCE : Du N. à l'Extr.O.

var. congesta Cr. *Ect. glomeratus* Thur. in Le Jol. Liste et n° 108 ; *E. fasciculatus* Kütz. T. ph. V pl. 50 fig. infér.—Holmes n° 238.

JERSEY : Corbière (H.V.H.).
FRANCE : Cherbourg.

E. simplex Cr. in Desmazières Exsicc. n° 1806 ; Cr. Flor. Fin. p. 163 ;—Cr. n° 13 ; Le Jol. n° 228 ; Holmes n° 8 ; *E. Codii* Lloyd n° 332.

FRANCE : Cherbourg, Extr.Ouest.

Sous-genre IV : *Acinetospora* Born.

E. pusillus Griff. Harv. Phyc. br. n° 87 pl. 153—Hauck p. 327—
Cr. n° 15 ; Holmes n° 112 et 136 ; *Acinetospora pusilla* Born. Notes
sur q. q. Ect. p. 4 pl. VII fig. 1—5.

GUERNESEY : Petit Port (E. Marq.).
BELGIQUE : Ostende.
FRANCE : Cherbourg, Ouest.

ISTHMOPLEA Kjellman.

I. Sphaerophora (Carm.) Kjellm. *Ectocarpus sphaerophorus*
Carm. Harv. Phyc. br. n° 93 pl. 126—Le Jol. n° 166 ; Cr. n° 16.

ALDERNEY : Braye Bay sur *Rhodymenia palmata* (E. Marq.).
FRANCE : Cherbourg, Extr. O.

MYRIOTRICHIA Harvey.

M. clavæformis Harv. Harv. Phyc. brit. n° 96 pl. 101 ; Hauck
p. 366 fig. 140 ; Kütz. T. ph. VI pl. 3 fig. II—Holmes n° 167 (forma
minima).

JERSEY : Mlle. White.
ALDERNEY : Longy Bay ; Braye Bay (E. Marq.).
FRANCE : Cherbourg.

M. filiformis (Griff.) Harv. Harv. Phyc. br. n° 97 p. 156—Cr.
n° 12 ; Le Jol. n° 153 et 214.

JERSEY : Mlle. White-
GUERNESEY : Parasite sur le *Scytosiphon lomentarius*, A. C. (E.
Marq.).
ALDERNEY : Longy Bay ; Braye Bay (E. Marq.).
FRANCE : Cherbourg.

TILOPTÉRIDÉES.

TILOPTERIS Kützing.

T. Mertensii (Engl. Bot.) Kütz. Kütz. T. ph. V pl. 84 Debr. p. 69
—Le Jol. n° 20 ; *Ectocarpus Mertensii* Harv. Phyc. br. n" 95 pl. 132.

JERSEY : In Cat. Batters.
GUERNESEY : Liste de Mlle. Lelièvre, R.
FRANCE : Tout le littoral, mais rare.

MYRIONÉMÉES (Ralfsiées).

MYRIONEMA Greville.

α *Myrionema.*

M. vulgare Thur. in Le Jol. Liste p. 82 ; Debr. p. 70.

forma Leclancherii.

Myr. Leclancherii Harv. Phyc. br. nº 67 pl. 41—Le Jol. nº 57 ; Cr. nº 45.

Croit sur le *Rhodymenia palmata* et *l'Ulva latissima.*

JERSEY : Bouley Bay (H.V.H.).
FRANCE : Du Nord à l'Extr.O.

f. punctiformis.

M. punctiforme Harv. Phyc. br. nº 68 pl. 41—Cr. nº 47 Le Jol. nº 116.

Sur le *Ceramium rubrum.*

GUERNESEY : Belgrave ; Rocquaine (E. Marq.).
ALDERNEY : Cat. Batters.
FRANCE : Sur toute la côte.

f. strangulans.

M. strangulans Grev. Harv. Phyc. br. nº 66 pl. 280 ; Hauck p. 320 —Cr. nº 46 ; Le Jol. nº 75.

Sur les *Ulva* et *Enteromorpha.*

JERSEY : Bouley Bay ; Anne Port, etc. (H.V.H.)·
FRANCE : Sur toute la côte.

M. papillosum Sauv.   Debr. p. 343—Holmes nº 243.

FRANCE : Nord.

β Hecatonema.

M. maculans (Collins) H.V.H.   *Hecatonema maculans* Sauv. *Phycocelis maculans* Collins.   Debr. p. 71.

FRANCE : Nord—sur *Rhodymenia palmata* et *Ulva.*—Cherbourg, O. Extr.O.

ASCOCYCLUS Magnus.

A. reptans (Cr.) Reinke.   Reinke Atl. pl. 15—Reinb. p. 34 ;— Holmes nº 102 ; *Ectocarpus reptans* Cr. Flor. Fin. p. 161 genre 158 fig. 3-4 ; Hauck p. 325—Holmes nº 35 ; *Chilionema reptans* (Cr.) Sauv.

JERSEY : Bouley Bay ; Grouville (H.V.H.), sur *Desmarestia aculeata.*
FRANCE : Extr.O.

A. ocellatus Reinke.   Reinke Algenfl. p. 45 ; Atl. pl. XV fig. 1-2 ; Reinb. p. 34 ; *Myrionema ocellatum* Kütz. T. ph. VIII pl. 94.

ALDERNEY ; Cat, Batters.

A. orbicularis (J. Ag.) Magn. Reinb. p. 35—*Myrionema orbiculare* J. Ag. ; Hauck p. 321 fig. 132 ; Cr. Fl. Fin. pl. 25 g. 163.

ALDERNEY : Sur feuilles de Zostère—-Fort Houmet (E. Marq.).
FRANCE : Extr.O.

ULONEMA Foslie.

U. Rhizophorum Fosl. Fosl. New or. Crit. algae 1894 p. 19 pl. III fig. 11—17.

JERSEY : Petit Port ; La Rocque ; sur *Dumontia filiformis* (H.V.H.).

RALFSIA Berkeley.

R. clavata Farlow. Fl. du Fin. p. 106 proparte ; Farl. p. 88.— Cr. n° 56 ; Holmes n° 90 ; *Myrionema clavatum* Harv. Phyc. br. n° 69 pl. 348.

GUERNESEY : Fermain (sur patelles) ; Bordeaux ; l'Ancresse Bay ; Vazon (E. Marq.).
ALDERNEY : Clanque (E. Marq.).
FRANCE : Extr.O.

R. verrucosa (Aresch.) J. Ag. Debr. p. 72 ; Hauck p. 401 fig. 176. —Le Jol. n° 37 ; Holmes n° 170 ; *R. deusta* Berk. Harv. Phyc. br. n° 58 pl. 98.

JERSEY : Sur *Pecten maximus* en épave à St. Aubin (H.V.H.).
GUERNESEY : Moulin Huet Bay ; Cobo ; Grande Rocque ; Petit Port (E. Marq.).
ALDERNEY : Clanque ; Longy (E. Marq.).
FRANCE : Du N. à l'Extr.O.

SPHACELARIÉES.

SPHACELARIA Reinke.

S. cirrosa (Roth.) Ag. Harv. Phyc. br. n° 76 pl. 178 ; Hauck p. 344 fig. 144 ; Kütz. T. ph. V fig. 88—Cr. n° 33 ; Le Jol. n° 39 ; *Sph. pennata* Kütz. T. ph. V pl. 91 ; *S. rhizophora* T. ph. V pl. 89.

JERSEY : St. Brelade ; Portelet ; St. Aubin ; Bouley Bay ; Grouville ; Mourier Bay ; Grève-au-Lançon ; La Pulente ; Corbière Rocks ; A.C. (H.V.H.) dit commun in herb. Piq.
GUERNESEY : Très commun (E. Marq.).
ALDERNEY : Braye Bay ; Clanque ; Longy (E, Marq.).
FRANCE : Du N. à l'Extr.O.
BELGIQUE : Sur algues du littoral (Kx.).

var. nana Griff.

JERSEY : Mlle. White.

var. fusca Holm et Batt.

Sphacelaria fusca Harv. Phyc. br. n° 77 pl. 149 Holmes n° 123
—Cr. n° 35.

ALDERNEY : Longy (E. Marq.).

forma pennata Hauck.

JERSEY : Grève d'Azette (Bell.).
GUERNESEY : Catal. Batters.
ALDERNEY : Catal. Batters.

S. radicans (Dillw.) Ag. Harv. Phyc. br. n° 78 pl. 189 ; Kütz. T.
ph. V pl. 87 ; Debr. p. 73 Hauck p. 343—Cr. n° 32 ; Holmes n° 96.
GUERNESEY : Vazon Bay (E. Marq.).
ALDERNEY : Longy (E. Marq.).
FRANCE : Sur toute la côte.
BELGIQUE : Epave à Ostende sur *Ahnfeltia.*

HALOPTERIS Kützing.

H. filicina Kütz. Kütz. T. ph. V pl. 85 ; Debr. p. 75 ; *Sphace-
laria filicina* (Grat.) Ag. Harv. Phyc. br. n° 72 pl. 143 Hauck p. 345
—Cr. n° 40-41.
JERSEY : St. Clément (Mlle. White) R.R. (Piq.) ; Mourier Bay
(H.V.H.).
GUERNESEY : Moulin Huet ; Petit Port ; Vazon Bay ; l'Ancresse
Bay (E. Marq.).
ALDERNEY : Liste de Mc Gaudion.
FRANCE : Du N. à l'Extr.O. Çà et là. R.R.

β sertularia (Bonn.).

Plante parasite plus délicate et plus petite que le type, à ramifi-
cations plus étalées et formant des angles obtus.
Harv. Phyc. br. n° 73 pl. 143.—Cr. 37 Holmes n° 98.
JERSEY : Rozel, 1902 (Bov. Lap.). R.R.R.
ALDERNEY : Mc Gaudion.
FRANCE : Du N. à l'Extr.O. R.R.

STYPOCAULON Kütz.

S. scoparium Kütz. Debr. p. 74—Kütz. T. ph. V pl. 96 ; *Sphace-
laria scoparia* (L.) Lyngb. Harv. Phyc. br. n° 74 pl. 37 ; Hauck
p. 347 fig. 145 ;—Cr. n° 38 et 39. Le Jol. n° 179.
JERSEY : St. Brelade ; Portelet ; Ste. Cathérine ; Rozel ; Bouley
Bay ; Mourier Bay ; Havre Giffard ; l'Etac ; Grève-au-Lançon ;
St. John (H.V.H.) ; Pointe-des-Pas (Piq.).—Non rare.
GUERNESEY : Cat. Batters.
ALDERNEY : Clanque ; Longy (E. Marq.).
FRANCE : Sur toute la côte.

CLADOSTEPHUS Agardh.

C. spongiosus (Lightf.) Ag. Harv. Phyc. brit. n° 71 pl. 138 ; Debr. p. 74 ; Hauck p. 350.—Cr. n° 43 ; Le Jol. n° 146 ; *Cl. densus* Kütz. T. ph. VI pl. 7 fig. 1.

JERSEY : Grouville (Mlle. Turner in herb. Piq.).
GUERNESEY : Ça et là sur la côte Sud (E. Marq.).
ALDERNEY : Corbelets ; Clanque (E. Marq.).
FRANCE : Toute la côte du N. à l'Ext.O.
BELGIQUE : Epave à Blankenberghe et Ostende.

Cl. verticillatus (Lightf.) Ag. Harv. Phyc. br. n° 70 pl. 33 ; Hauck p. 350 fig. 147 ; Debr. p. 74—Cr. n° 44 ; Le Jol. n° 48 ; *Cl. myriophyllum* Kütz. T. ph. VI pl. 9 et *Cl. spongiosus* Kütz. T. ph. VI pl. 7 fig. 11.

JERSEY : Pointe-des-Pas (Piq.) ; St. Brelade ; La Houle ; Grève-au-Lançon, etc.—Commun (H.V.H.).
GUERNESEY : Commun (E. Marq.).
ALDERNEY : Clanque ; Longy (E. Marq.).
FRANCE : Sur toute la côte.
BELGIQUE : Epave à Ostende et à Nieuport.

ELACHISTÉES.

ELACHISTA Duby.

1. Section *Elachista*.

E. fucicola (Velley) Fries. Harv. Phyc. br. n° 59 pl. 240 ; Hauck p. 352 fig. 143 ; Debray p. 76 ; *Phycophyla fucorum* Kütz. T. VII pl. 95 de même que les pl. 96 et 99 sous divers noms—Cr. n° 8 ; Le Jol. n° 89.

JERSEY : Commun et abondant sur les *fucus* (H V.H.).
GUERNESEY : Idem.
ALDERNEY : Clanque, Braye, Longy (E. Marq.).
BELGIQUE : De l'Escaut près d'Anvers à l'extrémité du littoral sur le *fucus vesiculosus*.
FRANCE : Du N. à l'Extr.O.

var ? Grevillei Arnott.

In Harv. Nat. hist. Rev. IV p. 202 pl. XIIb.

FRANCE : Cherbourg sur *Cladophora rupestris* R.R.R.

E. stellaris (Aresch.) J. Ag. J. Ag. Spec. Alg. I p. 9 ;—Cr. n° 2 ; *Phycophila stellaris* Kütz. T. ph. VII pl. 97.

FRANCE : Cherbourg, Extr.O.

E. flaccida (Dillw.) Aresch. Harv. Phyc. br. n° 60 pl. 260 ; Debr. p. 77 ; Hauck p. 353—Cr. n° 7 ; Le Jol. n° 7 ; *El. curta* (Dillw.) Harv. ;—Cr. n° 6 ; *Phycophila* Kütz T. ph. : *flaccida* VII pl. 100 ? ; *curta* VII pl. 100 ; *torulosa* VII, 99 ; *breviarticulata* VII pl. 96.

JERSEY : Petit Port sur *Cystoseira fibrosa* (H.V.H.).
GUERNESEY : Grandes Rocques ; Petit Port (E. Marq.).
ALDERNEY : Clanque ; Longy ; Braye (E. Marq.).
BELGIQUE : Littoral belge.
FRANCE : Du N. à l'Extr.O.

E. scutulata (Engl. Bot.) Duby. Harv. Phyc. br. n° 63 pl. 323 ; Hauck p. 352 ; Debr. p. 77 ; Kütz. T. ph. VII pl. 95.

JERSEY : Catal. de M. Batters.
GUERNESEY : Grandes Rocques ; Fermain ; Bordeaux (E. Marq.).
ALDERNEY : Fort Houmet (E. Marq.).
FRANCE : Du N. à l'Extr.O.
BELGIQUE : Epave sur *Himanthalia*.

2. Section *Myriactis*.

E. (Myriactis) pulvinata (Kütz.) Harv. Hauck p. 351 ; Debr. p. 77 ; Kütz. T. ph. VII pl. 92—Le Jol. n° 69 ; *E. attenuata* Harv. n° 64 pl. 28A—Cr. n° 3.

JERSEY : La Motte ; La Collette, sur *Cystoseira ericoides* (Bov. Lap.).
GUERNESEY : Bordeaux ; Fermain Point ; Lihou Island (E. Marq.).
FRANCE : Du N. à l'Extr O.—Sur divers *Cystoseira*.

E. (Myriactis) stellulata Griff. Harv. Phyc. br. n° 62 pl. 261— Debr. p. 76—Cr n° 1 ; Holmes n° 38 ; *Phycophila Stellulata* Kütz. T. ph. VIII pl. 1 fig. 1.

JERSEY : (Indiq. par M. Batters).
GUERNESEY : Fermain, sur *Dictyota dichotoma* (E. Marq.).
FRANCE : Du N. à l'Extr.O., mais rare.

GIRAUDIA Derbes et Solander.

G. sphacelarioides Derb. et Sol. Hauck p. 335 fig. 139—Le Jol. n° 52 ; Holmes n° 10.

FRANCE : Cherbourg, Extr.O.

PUNCTARIÉES.

LITHOSIPHON Harvey.

L. pusillus (Carm.) Harv. Harv. Phyc. br. n° 49 pl. 270—Cr. n° 63 ; Le Jol. n° 13.

JERSEY : Mlle. White.
GUERNESEY : Parasite sur le *Chorda Filum* à Fermain, Belgrave Bay, Bordeaux (E. Marq.).
ALDERNEY : Braye Bay sur *Chorda Filum* ; Platte Saline sur *Alaria esculenta* (E. Marq.).
FRANCE : Du Nord à l'Extr.O.

L. Laminariae (Lyngb.) Harv. Harv. Phyc. br. n° 50 pl. 295 ;
John. et Cr. III p. 105 fig. 1-5—Cr. n° 64 ; *Desmotrichum Laminariae* Kütz, T. ph. VI pl. 4.

JERSEY : Le Cotil, en Août (Bell.).
FRANCE : N., O et Extr.O., sur algues diverses *(Laminaria, Alaria, Saccorhiza)*.
BELGIQUE : Sur *Alaria* en épave à Ostende.

PUNCTARIA Greville.

P. plantaginea (Roth.) Grev. Harv. Phyc. br. n° 44 pl. 128 ;
Hauck p. 371 ; Debr. p. 78—Le Jol. n° 135 ; *Phycolapathum plantagineum* et *P. feissum* Kütz. T. ph. VI n° 18.

JERSEY : Grouville (J. Piq.).
GUERNESEY : Cobo (E. Marq.).
ALDERNEY : Clanque (E. Marq.).
FRANCE : Du N. à l'Extr.O.
BELGIQUE : Epave à la Panne.

var. *Crouani* Thur. in Le Jol.—Le Jol. n° 197 ; *P. undulata* Cr.
n° 57.

P. latifolia Grev. Harv. Phyc. br. n° 43 pl. 8 ; Hauck p. 371
fig. 158—Le Jol. n° 235 ; Cr. n° 58 et Cr. n° 57 sous le nom de *P. plantaginea* ; *P. debilis* Kütz. T. ph. VI pl. 46 et pl. 47 fig. 1.

JERSEY : Pointe des Pas (Piq.) ; Gorey (Bell.).
GUERNESEY : Petit Bot (E. Marq.).
ALDERNEY : Platte Saline ; Corbelets (E. Marq.).
FRANCE : De Cherbourg à l'Extr.O.

P. tenuissima Grev. Harv. Phyc. br. n° 45 pl. 248 ; Hauck
p. 371 fig. 159—*P. latifolia var. Zosterae* Le Jol. n° 176 ; *Diplostromum tenuissimum* et *D. undulatum* Kütz. T. ph. VI pl. 44.

FRANCE : Sur Feuilles de Zostera à Cherbourg.

ASPEROCOCCUS Lamouroux.

A. bullosus Lamour. Debr. p. 79 ; Hauck p. 288 fig. 168a—Cr.
n° 61 ; Le Jol. n° 41 ; *Asper. Turneri* Hook. Harv. Phyc. br. n° 47
pl. 11 ; *Encœlium bullosum* Ag. Kütz. T. ph. IX pl. 7.

JERSEY : St. Aubin (Piq). ; Ste. Cathérine (H.VH.) ; Gorey (Bell.).
FRANCE : Sur toute la côte.

A. compressus Griff. Harv. Phyc. br. n° 46 pl. 72 ; Harv. p. 389
—Le Jol. n° 121 ; Cr. 62 ; *Haloglossum Griffithsianum* Kütz. T. phyc.
IX pl. 52.

JERSEY : Mlle. Turner.
ALDERNEY : M° Gaudion.
FRANCE : De Cherbourg à l'Extr.O.
BELGIQUE : Pêché ? au large d'Ostende.

A. echinatus (Mert.) Grev. Harv. Phyc. br. n° 48 pl. 194 ; Debr.
p. 78 ; Hauck p. 388 fig. 168ʙ—Cr. n° 60 ; Le Jol. n° 1 ; *Encoelium
echinatum* Kütz. T. ph. IX pl. 5.

Jᴇʀsᴇʏ : Herb. Piq. ; St. Clément ; L'Egypte ; Ste. Cathérine
(H.V.H.).
Gᴜᴇʀɴᴇsᴇʏ : Belgrave Bay, abondant (E. Marq.).
Aʟᴅᴇʀɴᴇʏ : Longy (E. Marq.).
Fʀᴀɴᴄᴇ : Du N. à l'Extr.O.

forma vermicularis (Griff.) Harv. Harv. Phyc. br. n° 48 pl. 194—
Le Jol. n° 181.

Fʀᴀɴᴄᴇ : Mêlé au type.

STRIARIÉES.

STICTYOSIPHON Kützing.

St. Griffithsianus (Le Jol.) Holm. et Batt. Holm. et Batt. Rev.
List. Brit. alg. 78—Holm. n° 250 ; *Ectocarpus Griffithsianus* Le Jol.
Liste p. 78—Le Jol. n° 6 ; *Ectocarpus brachiatus* Harv. Phyc. br.
n° 94 pl. 4 (défectueuse) ; Johnst. et Croall. III p. 193 fig. 17—*Ectocarpus crucialus* Kütz. Cr. n° 17.

Jᴇʀsᴇʏ : Le Cotil, en Juillet (Bell.) R.
Aʟᴅᴇʀɴᴇʏ : Longy Bay, sur *Rhodymenia palmata* (E. Marq.) R.
Fʀᴀɴᴄᴇ : Cherbourg, Extr.O.

St. subarticulatus (Aresch.) Hauck. Hauck. p. 376 ; *Phloeos-
pora subarticulata* Aresch. Observ. III p. 25 pl. 3 fig. 2—5.

Jᴇʀsᴇʏ : Portelet ; Havre Giffard ; Corbière Rocks ; La Saline ;
tous en 1904 (H.V.H.).

STRIARIA Greville.

S. attenuata (Ag.) Grev. Harv. Phyc. br. n° 42 pl. 25 ; Hauck
p. 377 fig. 162 ; Kütz. T. ph. IX pl. 3—Cr. n° 65.

Jᴇʀsᴇʏ : Rozel Bay ; Bouley Bay ; Corbière ; Elizabeth Castle ;
Noirmont Tower ; tous sur *Polysiphonia* en 1903 (H.V.H.).
Fʀᴀɴᴄᴇ : Extr.O.

SCYTOSIPHONÉES.

SCYTOSIPHON Agardh.

S. lomentarius (Lyngb.) J. Ag. Debr. p. 79 ; Hauck p. 390
fig. 169—Cr. n° 78 ; Le Jol. n° 198 ; *Chorda lomentaria* Lyngb. Harv.

phyc. n° 31 pl. 285 ; *Chorda filum* ζ. *Lomentaria Kütz.* T. ph. VIII pl. 14c.

JERSEY : Assez commun sur toute la côte (H.V.H.).
GUERNESEY : Un peu partout mais non commun (E. Marq.).
ALDERNEY : Corbelets ; Braye Bay ; Fort Houmet, Longy (E. Marq.).
SARK : (E. Marq.).
FRANCE : Sur toute la côte.
BELGIQUE : Sur les pierres à Ostende.

PHYLLITIS Kützing.

P. fascia Harv. Harv. Phyc. br. n° 29 pl. 45 *(sub. Laminaria)* ;
Debr. p. 80 ; Hauck p. 391—Le Jol. n° 175 ; Holmes n° 43 ; *Ph. caespitosa* Le Jol. n° 151 ; *Laminaria dibilis* Cr. n° 81.

JERSEY : St. Clément ; Corbière ; Ste. Cathérine ; St. Aubin (H.V.H.) ; Grouville (Piq.) A.R.
GUERNESEY : Flaques ombragées à mi-marée. A.R. (E. Marq.).
FRANCE : N. et Extr.O.
BELGIQUE : Sur pilotis du Chenal à Nieuport.

DICTYOSIPHONÉES.

DICTYOSIPHON Greville.

D. foeniculacens (Huds.) Grev. Harv. Phyc. br. n° 41 pl. 326 ;
Hauck p. 373 fig. 326 ; Debr. p. 80 ; Kütz. T. ph. VI pl. 51—Le Jol. n° 86 ; Holm. n° 4 *(forma subhispida Kjellm.)*.

JERSEY : Elizabeth Castle (Piq. 1868) ; St. Hélier (Août 1904, Bell.).
ALDERNEY : M° Gaudion.
FRANCE : Sur toute la côte.

STILOPHORA J. Agardh.

S. rhizodes (Ehr.) J. Ag. Harv. Phyc. br. n° 39 pl. 70 ; Hauck p. 385 ; Debr. p. 83—Cr. n° 67 ; Le Jol. n° 19—Hohenh. n° 216 ; *Spermatochnus rhizodes* Kütz. T. ph. VIII pl. 17.

JERSEY : Egypte (H.V.H.) ; Pointe-des-Pas (J. Piq.).
FRANCE : N. à l'Extr.O.

DESMARESTIÉES.

DESMARESTIA Lamouroux.

D. aculeata (L.) Lamour. Harv. Phyc. br. n° 18 pl. 49 ; Hauck p. 178 fig. 163 ; Debr. p. 81 ; Kütz. Tab. ph. IX pl. 94—Cr. n° 91, 92, 93.

JERSEY : Sur toute la côte ça et là ; St. Brelade ; Portelet ; St. Aubin ; Egypte ; Grève-au-Lançon (H.V.H.)
GUERNESEY : Batters.
ALDERNEY : Clanque Bay (E. Marq.).
FRANCE : Sur toute la côte.
BELGIQUE : Epave à Ostende et à Nieuport.

D. ligulata Lam. Harv. Phyc. br. n° 17 pl. 115 ; Hauck p. 380 ; Debr. p. 82 ; Kütz. T. ph. IX pl. 99 – Cr. n° 94.

JERSEY : St. Aubin ; St. Brelade (J. Piq.) ; Grouville (H.V.H.) ; et Mlle. Turner (in herb. Piq. au Cotil (Bell.).
FRANCE : Ça et là sur toute la côte.

D. viridis (Fl. Dan.) Lam. Harv. Phyc. br. n° 19 pl. 312 ; Hauck p. 378 ; Debr p. 81 ; Kütz. T. ph. IX pl. 92—Le Jol. n° 26 ; *Dichlora viridis* Grev. Cr. n° 90.

JERSEY : St. Aubin (J. Piq.).
GUERNESEY : Noté dans la liste de Greville.
FRANCE : Du N. à l'Extr.O.

ARTHROCLADIA Duby.

A. villosa (Huds.) Duby. Harv. Phyc. br. n° 20 pl. 64 ; Hauck p. 381 fig. 164 ; Debr. p. 81 ; Harv. T. ph. X pl. 1—Cr. n° 89.

JERSEY : La Motte (Bov. Lap.) ; Grouville (J. Piq.) R.R.
FRANCE : Du N. à l'Extr.O. R.
BELGIQUE : Epave à Nieuport.

SPOROCHNÉES.

SPOROCHNUS J. Agardh.

S. pedunculatus (Huds.) Ag. Harv. Phyc. br. n° 21 pl. 56 ; Hauck p. 382 fig. 165 ; Debr. p. 96 ; Kütz. T. ph. IX pl. 82 et même planche sous le nom de *S. dalmaticus*—Cr. n° 96.

JERSEY : St. Aubin (J. Piq.) ; Gorey (Bell.).
GUERNESEY : Liste de Mlle. Lelièvre.
FRANCE : Du N. à l'Extr.O. mais stations peu nombreuses.
BELGIQUE : Epave à Ostende.

CARPOMITRA Kützing.

C. Cabrerae Kütz. Harv. Phyc. br. n° 22 pl. 14 ; Cr. Florule pl. 30 g. 192 ; Kütz T. ph. IX pl. 89 fig. 1.

JERSEY : Baie Ste. Cathérine (Mlle. White) ; Herb. Cattlow ! R.R R.
FRANCE : Cherbourg, O., Extr.O. R R.R.

CHORDARIÉES.

CHORDARIA Agardh.

Ch. flagelliformis (Fl. Dan.) Ag. Harv. Phyc. br. n° 51 pl. III ; Hauck p. 368 fig. 157 ; Kütz. T. ph. VIII pl. 11.

JERSEY : Indiqué par M. Batters.
GUERNESEY : Cobo ; Lihou Island (E. Marq.).
FRANCE : Cherbourg, Extr.O.

CASTAGNEA Derbes et Solander.

C. virescens (Carm.) Thur. Hauck p. 358—Le Jol. n° 103 ; *Mesogloia virescens* (Carm.) Harv. Phyc. br. n° 55 pl. 82 ; Kütz. T. ph. VIII pl. 9—Cr. n° 52.

JERSEY : Pointe-des-Pas (J. Piq.).
GUERNESEY : Fermain ; Cobo ; Rocquaine, près Rousse Martello Tower (E. Marq.).
ALDERNEY : Clanque ; Longy Bay (E. Marq.).
FRANCE : De Cherbourg à l'Extr.O.

β zostericola (Harv.)
Myriocladia Zosterae J. Ag.—Cr. n° 49 ; Kütz. T. ph. VIII pl. 5 fig. 1 ; *Mesogloia virescens β Zostericola* Harv. Phyc. br. n° 55 pl. 82.
JERSEY : Catal. de M. Batters.
GUERNESEY :   Idem.
ALDERNEY : Braye Bay (E. Marq.).
FRANCE : Cherbourg.

C. contorta Thur. in Le Jol. p. 86.   Cr. Fl. Fin. p. 165—Le Jol. n° 63. Holmes n° 28.
FRANCE : Cherbourg, Extr.O.

MESOGLOIA Agardh.

M. vermicularis (Engl. Bot.) Le Jol. Harv. Phyc. br. n° 53 pl. 31; Kütz. T. ph. VIII pl. 6 ; Hauck p. 363 fig. 154—Cr. n° 54 ; Le Jol. n° 32.

JERSEY : St. Aubin ; Grouville (J. Piq.).
GUERNESEY : Catal. de M. Batters.
ALDERNEY : Longy ; Braye Bay ; Corbelets (E. Marq.).
FRANCE : De Cherbourg à l'Extr.O.
BELGIQUE : A Nieuport et à Ostende, en épave.

M. Leveillei (J. Ag.) Menegh. Hauck p. 365 fig. 155 ; *Liebmannia Leveillei* J. Ag.—*Mesogloia vermicularis var. Major.* Cr. n° 55.
GUERNESEY : Flaque de Roche à Bordeaux, trouvé une seule fois (E. Marq.).
ALDERNEY : Corbelets (E. Marq.).
FRANCE : De Cherbourg à l'Extr.O.   R.R.

M. Griffithsiana Grev. Harv. Phyc. br. n° 54 pl. 318 ; Johnst. et Croall. III p. 113 fig. 15 ; Kütz. T. ph. VIII pl. 8 fig. 1—Cr. n° 53 ; Le Jol. n° 115 ; *Myriocladia Griffithsiana* Cr. Fl. Finist. p. 165 ; *Castagnea Griffithsiana* (Grev.) J. Ag. de Toni p. 407.

ILES NORMANDES ? ?
FRANCE : Cherbourg, O., Extr.O. A.R.
BELGIQUE : Ostende en épave.

LEATHÉSIÉES.

LEATHESIA Gray.

L. difformis (L.) Aresch. Hauck p. 355—Debr. p. 83 ; Le Jol. nº 56 ; *L. tuberiformis* (Engl. Bot.) Harv. Phyc. br. nº 56 pl. 324 ; *L. marina* J. Ag. Cr. nº 48 ; *Corynephora marina* Kütz. T. ph. VIII pl. 3 et *C. baltica* Kütz. VIII pl. 2.

JERSEY : St. Brelade ; Corbière Rocks ; St. Aubin ; La Saline, etc. (H.V.H.).

GUERNESEY : Commun (E. Marq.).

ALDERNEY : Longy ; Clanque ; Braye (E. Marq.).

FRANCE : Du N. à l'Extr.O.

L. crispa Harv. Harv. Nat. hist. Rev. 1857 pl. 12A.

Parasite sur le *Chondrus crispus.*

Cette algue qui est indiquée comme très rare par M. Batters est signalée par M. Marquand à *Platte Saline* et au *Fort Houmet* à Alderney, d'après une détermination de M. Batters.

M. de Toni *Sylloge algarum* vol. III p. 424 l'indique comme "plante inconnue."

Harvey la décrit comme suit :

Fronde solide ; filaments axiaux très densément entrelacés, simples, dichotomes, à articles très longs ; ramules périphériques en massue, incurvés, ou arqués, submoniliformes, à articles aussi longs que larges, spores pyriformes."

PÉTROSPONGIUM Naegeli.

P. Berkeleyi (Grev.) Näg. Hauck p. 357 fig. 151 ; Kütz. T. ph. VIII pl. 3—Le Jol. nº 78 ; *Leathesia Berkeleyi* Cr. Fl. Fin. pl. 25 genre 159 ; *Cylindrocarpus Berkeleyi* (Grev.) Cr.—Cr. nº 10.

GUERNESEY : Sur toute la côte à la limite extrême de basse mer (E. Marq.).

ALDERNEY : Braye Bay ; Platte Saline (E. Marq.).

FRANCE : Cherbourg, Extr.O.

CHORDEES.

CHORDA Stackhouse.

Ch. filum (L.) Stackh. Harv. Phyc. br. nº 30 pl. 107 ; Hauck p. 394 fig. 172 ; Kütz. T. ph. VIII pl. 14 fig. A.—Le Jol. nº 45 ; *Scytosiphon filum* C. Ag. Cr. nº 79.

JERSEY : Commun (H.V.H.).

GUERNESEY : Commun (E. Marq.).

ALDERNEY : Longy (E. Marq.).

FRANCE : Sur toute la côte.

BELGIQUE : Sur les brise-lâmes à Blankenberghe, Ostende, Nieuport.

LAMINARIÉES.

LAMINARIA Lamouroux.

L. saccharina (L.) Lamour. Harv. Phyc. n° 27 pl. 289 ; Debr. p. 85 ; Hauck p. 398—Cr. n° 83.

JERSEY : Très commun.
GUERNESEY : Commun (E. Marq.).
ALDERNEY : Clanque ; Longy ; Braye (E. Marq.).
FRANCE : Sur toute la côte.
BELGIQUE : Epave sur le littoral.

var. Phyllitis Lamour. = forme jeune à lame membraneuse mince. Debr. p. 86 ; Hauck p. 398 ; *Laminaria Phyllitis* (Stackh.) Le Jol. ; Harv. Phyc. br. n° 28 pl. 192—Cr. n° 82 ; Le J. n° 132.

JERSEY : St. Brelade ; St. Ouen, etc. (H.V.H.).
ALDERNEY : M⁰ Gaudion.
FRANCE : Sur toute la côte.
BELGIQUE : Epave à Blankenberghe.

L. digitata (L.) Lamour.

α flexicaulis. L. flexicaulis Le Jol. Debr. p. 86 ; Hauck p. 396 fig. 174A et B.—Le Jol. n° 151 ; *L. digitata var. stenophylla* Harv. Phyc. br. n° 24B. pl. 338—*L. digitata var. brevipes* Cr. n° 84.

JERSEY : Commun (H.V.H.).
GUERNESEY : Commun (E. Marq.).
ALDERNEY : Corbelets (E. Marq.).
FRANCE : Sur toute la côte.
BELGIQUE : En épave sur le littoral.

β Cloustoni. L. Cloustoni (Edmunds) Le Jol. Debr. p. 86 ; Hauck p. 398 fig. 174 C—E.—Le Jol. n° 170 ; *L. digitata* auct. part. Harv. Phyc. br. n° 24 pl. 223.

JERSEY : St. Brelade (H.V.H.).
GUERNESEY : Non indiqué.
ALDERNEY : Idem.
FRANCE : Sur tout le littoral.

SACCORHIZA De la Pylaie.

S. bulbosa (Lamx.) De la Pyl. Debr. p. 86—Cr. n° 86 ; *Laminaria bulbosa* Lamour. Harv. Phyc. br. n° 25 pl. 241 ; *Haligenia bulbosa* Decne.—Le Jol. n° 211.

JERSEY : St. Brelade etc. bulbe en épave assez commun (H.V.H.) ; en place sur les roches à marée très basse entre Bonne-Nuit et Frémont (Bell.).
GUERNESEY : Commun (E. Marq.).
ALDERNEY : Clanque ; Corbelets (E. Marq.).
FRANCE : Signalé au N. et à l'Ext.O.
BELGIQUE : Trouvé au large d'Ostende.

ALARIA Greville.

A. esculenta (L.) Grev. Harv. Phyc. br. n° 23 pl. 79 ; Hauck
p. 399 fig. 175—Cr. n° 88.

GUERNESEY : Catal. Batters.
ALDERNEY : Catal. Batters.
FRANCE : De Cherbourg à l'Extr.O.
BELGIQUE : Trouvé au large d'Ostende.

CUTLÉRIACÉES.

CUTLERIA Greville.

C. multifida (Engl. Bot.) Grev. Harv. Phyc. br. n° 32 pl. 72 ;
Debr. p. 88 ; Hauck p. 404 fig. 178-179 ; Kütz. T. ph. IX pl. 45 (et
pl. 42, 43, 44 sous divers autres noms)—Cr. n° 72.

JERSEY : St. Aubin (J. Piq.).
GUERNESEY : Mlle. Lelièvre.
FRANCE : Du N. à l'Extr.O.

forme *Aglaozonia* = thalle asexué.

A. reptans (Cr.) Kütz. Hauck p. 408 fig. 181 ; Debr. p. 88 ; Cr.
Fl. Fin. p. 169—Cr. n° 74 ; *Aglaozonia parvula* Le Jol. Liste A.
Cherb. ; *Zonaria parvula* Harv. Phyc. br. n° 36 pl. 341.

JERSEY : Grouville et Ste. Cathérine (in herb. J. Piq.).
GUERNESEY : Vazon Bay.
FRANCE : Extr.O.

ZANARDINIA Nardo.

Z. collaris (Ag.) Cr. *Zonaria collaris* Ag. Hauck p. 406 fig. 180 ;
Harv. Phyc. br. n° 35 pl. 359—Cr. n° 75 ; *Spataglossum Spanneri et
flabelliforme* Kütz. T. ph. IX pl. 47 et *Peyssonelia umbilicata* Kütz.
T. ph. XIX pl. 89.

JERSEY : Grouville et Ste. Cathérine (in herb. Piq.).
GUERNESEY : Vazon Bay (E. Marq.).
FRANCE : Extr.O.

FUCACÉES.

HIMANTHALIA Lyngbye.

H. lorea (L.) Lyngb. Harv. Phyc. br. n° 16 pl. 78 ; Hauck p. 287
fig. 119 ; Debr. p. 89 ; Kütz. T. ph. X pl. 6—Cr. n° 97 ; Le Jol. n° 72.

JERSEY : Corbière ; Portelet ; Noirmont ; Havre Giffard ; La Houle,
etc. (H.V.H.). Les réceptacles se trouvent très fréquemment
sur la plage.
GUERNESEY : Commun.
FRANCE : Du N. à l'Extr.O.
BELGIQUE : Epave sur tout le littoral.

SARGASSUM Agardh.

S. bacciferum (Turn.) Ag. Harv. Phyc. br. n° 2 pl. 109 ; Kütz. T. ph. XI pl. 11-12.

JERSEY : En épave (J. Piq.).
FRANCE : Ça et là en épave.

HALIDRYS Lyngbye.

H. siliquosa (L.) Lyngb. Harv. Phyc. br. n° 3 pl. 66 ; Debr. p. 93 ; Hauck p. 292 fig. 122 ; Kütz. T. phyc. X pl. 62—Cr. n° 112 ; Le Jol. n° 231.

JERSEY : Commun sur toutes les plages (H.V.H.).
GUERNESEY : Commun partout (E. Marq).
ALDERNEY : Clanque ; Corbelets (E. Marq.).
SARK : Indiqué par M. E. Marquand.
FRANCE : Commun du N. à l'Extr.O.
BELGIQUE : En épave sur tout le littoral.

FUCUS Decaisne et Thuret.

F. vesiculosus Dec. et Thur. Harv. Phyc. br. n° 10 pl. 204 ; Hauck p. 291 fig. 117, 118, 121A ; Debr. 90 ; Kütz. T. ph. X pl. 11—Cr. n° 102.

JERSEY : Très commun.
GUERNESEY : Idem.
ALDERNEY : Idem.
FRANCE : Commun sur tout le littoral.
BELGIQUE : Commun d'Anvers à l'extrémité du littoral.

F. serratus L. Harv. Phyc. br. n° 12 pl. 47 ; Hauck p. 192 fig. 121B ; Debr. p. 90 ; Kütz. T. ph. X pl. 11—Cr. n° 106 ; Le Jol. n° 111.

Partout très commun et mêlé généralement au *Fucus vesiculosus*.

F. ceranioides L. Harv. Phyc. br. n° 11 pl. 271 ; Debr. p. 91 ; Hauck p. 292 ;—Le Jol. n° 91 et 190 ; Cr. n° 101.

JERSEY : St. Brelade (H.V.H.) ; Plémont (Piq.).
GUERNESEY : Liste de Mlle. Lelièvre.
FRANCE : Du N. à l'Extr.O.
BELGIQUE : Ostende ; La Panne.

forma latrifrons Kickx.

BELGIQUE : Doel près d'Anvers ; Philippine près Ternenzen ; Swyjn (Fl. occid.) Kx.

F. platycarpus Thur. Le Jol. Liste Alg. Cherb. p. 95 ; de Toni III p. 205—Le Jol. n° 91 et 190 ; *F. vesiculosus var. spiralis* anct. p. Cr. n° 103 ; *F. vesiculosus var. evesiculosus* Cr. n° 104 f. de Le Jol. ; *Fucus vesiculosus var. Sherardi* Anct. p.

Non encore signalé dans les îles Anglo-Normandes.
FRANCE : Du N. à l'Extr.O.
BELGIQUE : Epave à Ostende—Bath près d'Anvers (H.V.H.).

ASCOPHYLLUM Stackhouse.

A. nodosum (L.) Le Jol. Hauck p. 289 fig. 120A.B. ; Debr. p. 91 —Le Jol. n° 101 ; *Fucus nodosus* Harv. Phyc. br. n° 13 pl. 158 ; —*Fucoideum nodosum* J. Ag. Cr. n° 100 ; *Ozothalia vulgaris* Kütz. T. ph. X, 20.

JERSEY : Commun et abondant partout.
GUERNESEY : Idem.
FRANCE : Sur toute la côte.
BELGIQUE : Dans l'Escaut, en place sur la jetée du marégraphe à Bath, sur les fascines à Hansweert, à Veere (H.V.H.) et en épave sur la côte.

PELVETIA Dec. et Thur.

P. canaliculata (L.) Dec. et Thur. Debr. p. 89—Le Jol. n° 33 ; *Fucus canaliculatus* L. Harv. Phyc. br. n° 15 pl. 129 ;—*Fucoideum canaliculatum* J. Ag. Cr. n° 98.

JERSEY : Commun et abondant sur toutes les roches inondées à haute mer (H.V.H.).
GUERNESEY : Idem (E. Marq.).
ALDERNEY : Corbelets ; Clanque (E. Marq.).
FRANCE : Sur toute la côte.
BELGIQUE : Sur pilotis à Nieuport ; épave à Ostende.

BIFURCARIA Stackhouse.

B. tuberculata Stackh. Harv. Phyc. br. n° 9 pl. 89—Le Jol., n° 81 ; Holmes n° 252 ; *Pycnophycus tuberculatus* Kütz. T. ph. X pl. 22 fig. 1 ;—*Fucoideum tuberculatum* J. Ag. Cr. n° 99.

JERSEY : St. Brelade ; Portelet ; St. Ouen ; Corbière (H.V.H.).
GUERNESEY : Commun sur toute la côte.
ALDERNEY : Corbelets.
FRANCE : De Cherbourg à l'Extr.O.
BELGIQUE : En épave.

CYSTOSEIRA Agardh.

C. ericoides (L) Ag. Harv. Phyc. br. n° 4 pl. 265 ; Debr. p. 92—Cr. n° 108 ; Le Jol. n° 25.

JERSEY : Sur toute la côte, dans les flaques des roches (H.V.H.).
GUERNESEY : Idem (E. Marq.).
ALDERNEY : Longy ; Corbelets ; Clanque (E. Marq.).
FRANCE : Sur toute la côte.

C. granulata (L.) Ag. Harv. Phyc. br. n° 5 pl. 60 ; Debr. p. 92 ; —Cr. n° 107 ; Le Jol. n° 126.

JERSEY : St. Aubin (Piq.) ; St. Brelade (H.V.H.).
GUERNESEY : Cobo ; l'Ancresse Bay (E. Marq.).
ALDERNEY : Catal. de M. Battors.
FRANCE : Sur toute la côte.

C. discors (L.) Ag. Hauck p. 297 ; Debr. p. 92 ; Kütz. T. ph. X pl. 51- -Cr. n° 110 ; Le Jol. n° 67 ; *C. barbata* Cr. n° 109 ; *C. foeniculacea* Harv. n° 7 pl. 122 ; Kütz. T. ph. X pl. 51.

JERSEY : St. Brelade ; Portelet (H.V.H.).
GUERNESEY : Fermain ; Bordeaux ; Lihou Island ; l'Erée ; Cobo (E. Marq.).
ALDERNEY : Clanque ; Longy (E. Marq.).
FRANCE : Sur tout le littoral.

C. fibrosa (Huds.) Ag. Harv. Phyc. br. n° 8 pl. 133 ; Hauck p. 298 ; Debr. p. 93—Cr. n° 111 ; Le Jol. n° 4 ; *Phyllacantha fibrosa* Kütz. T. ph. X pl. 35 et *Ph. thesiophylla* idem.

JERSEY : St. Brelade ; Mourier Bay (H.V.H.) ; St. Aubin (Piq.).
GUERNESEY : Commun.
ALDERNEY : Corbelets ; Clanque ; Longy (E. Marq.).
FRANCE : Du Nord à l'Extr.O.
BELGIQUE : Epave à Ostende (Kx.) ; entre Ostende et Blankenberghe (W.).

C. barbata (Good. et Wood.) Ag. Hauck p. 296 fig. 124 ; Kütz. T. ph. X pl. 44A—B., qui a été trouvé en épave à GUERNESEY (Mlle. Lelièvre) et à ALDERNEY (Mlle. Gaudion) n'appartient pas à nos régions.

DICTYOTÉES.

DICTYOTA Lamouroux.

D. dichotoma (Huds.) Lamour. Harv. Phyc. br. n° 38 pl. 103 ; Hauck p. 305 fig. 126 ; Debr. p. 95 ; Kütz. T. ph. IX pl. 10 ; id. *D.*

vulgaris IX pl. 10 ; id. *D. attenuata* IX pl. 11 et *D. latifolia* IX pl. 12.

JERSEY : Commun.
GUERNESEY : Commun.
ALDERNEY : Longy ; Clanque (E. Marq.).
FRANCE : Sur tout le littoral.
BELGIQUE : Epave entre Nieuport et La Panne.

var. implexa J. Ag., lanières très étroites, souvent tordues et entremêlées. Hauck p. 306 ; Debr. p. 95 ;—Cr. n° 68 ; Le Jol. n° 50 ; *ß. intricata* Harv. Phyc. br. n° 38 pl. 103—Cr. n° 70.

JERSEY : Très commun.
GUERNESEY : Bordeaux ; Moulin Huet ; Petit Port (E. Marq.).
ALDERNEY : Longy (E. Marq.).
FRANCE : Sur tout le littoral.

var. latifrons Holm. et Batt.

JERSEY : Non rare (Batters).

TAONIA J. Agardh.

T. atomaria (Woodw.) J. Ag. Hauck p. 307 fig. 128 ; Debr. p. 95 ; —Cr. n° 71 ; *Dictyota atomaria* Harv. Phyc. br. n° 37 pl. 1 ; *Stypopodium atomaria* Kütz. T. ph. IX pl. 61.

JERSEY : Indiqué par Mlle. White.
FRANCE : N. (surface étendue), Cherbourg, Ouest, Extr.O.
BELGIQUE : Epave à La Panne et à Ostende.

PADINA Adanson.

P. Pavonia (L.) Gaill. Harv. Phyc. br. n° 34 pl. 91 ; Debr. p. 96 ; Hauck p. 309 fig. 129—Cr. n° 76 ; Le Jol. n° 77 ; *Zonaria Pavonia* Kütz. T. ph. IX pl. 71.

JERSEY : Baie de St. Clément (Piq.) ; Tour Seymour (1903, Bov. Lap.) R.R.R.
GUERNESEY : Cobo ; Grande Rocque ; Rocquaine Bay (E. Marq.).
ALDERNEY : Dans une flaque près Fort Houmet (E. Marq.).
FRANCE : Du N. à l'Extr.O.
BELGIQUE : Sur pilotis à Ostende et à Nieuport (Kx.) W.

DICTYOPTERIS Lamouroux.

D. polypodioides (Desf.) Lamour. Hauck p. 311 fig. 130 ; Debr. p. 97 ;—Le Jol. n° 107 ; *Halyseris polypodioides* Ag. Harv. Phyc. br. n° 33 pl. 19 ; Kütz. T. ph. IX pl. 53—Cr. n° 77.

JERSEY : St. Aubin ; Noirmont (Piq.) ; Tour Seymour à La Rocque (Bov. Lap.) ; Le Cotil. R.R.
GUERNESEY : Fermain Point ; La Rousse Martello Tower (E. Marq.).
ALDERNEY : Braye Bay (E. Marq.).
FRANCE : Du N. à l'Extr.O.

RHODOPHYCÉES.

Premier Groupe.

BANGIALES OU PORPHYRÉES.

PORPHYRACÉES.

PORPHYRA Agardh.

P. leucosticta Thur. Le Jol. Alg. Ch. n° 156 ; Holm. Alg. brit. rar. n° 46 ; Hauck p. 25 ; Debr. p. 48 ; *Porphyra coriacea* Zan. Kütz. XIX, 81 ; *Porphyra vermicellifera* Kütz. XIX, 80 ; *P. atropurpurea* (Olivi) De Toni ;—*P. laciniata* Cr. Alg. Fin. n° 397.

JERSEY : St. Clément ; St. John (H.V.H.) ; St. Aubin (Piq.).
ALDERNEY : Platte Saline (Marq.), commun au printemps puis disparaît.
FRANCE : Nord, Cherbourg, O., Extr.O.

P. laciniata (Lightf.) Ag. **(Wildemania** de Toni).

α forma linearis.

P. linearis Grev. Harv. Phyc. n° 344 pl. 211 fig. 2 ; Ktz. T. ph. 79, XIX—Cr. n° 395 ; Le Jol. n° 96 ; Debr. p. 48 ; Hauck p. 26 fig. 2.

JERSEY, GUERNESEY, ALDERNEY : Commun.
BELGIQUE : Bancs d'huîtres près de La Panne.
FRANCE : Cherbourg, O., Extr.O.

β forma vulgaris.

P. vulgaris Harv. Phyc. brit. n° 344 pl. 211 fig. 1—Kütz. T. ph. XIX, 82—Cr. n° 396 ; Le Jol. n° 196 ; Debr. p. 48.

GUERNESEY, JERSEY, ALDERNEY, SARK : Commun.
BELGIQUE : Heyst, Nieuport.
FRANCE : Du N. à l'Extr.O.

γ forma laciniata Ag.

P. laciniata Harv. Phyc. br. n° 343 pl. 92—*P. laciniata* Ag. Kütz. XIX, 82—Le Jol. n° 235. Debr. p. 98 non Crouan.

JERSEY, GUERNESEY, ALDERNEY : Commun.
BELGIQUE : Blankenberghe, Ostende.
FRANCE : Du Nord à l'Extr.O.

Ces trois formes constituent la même plante à mesure qu'elle avance en âge ; de Toni a créé pour elles et pour d'autres espèces le genre *Wildemania*, caractérisé par une fronde formée de deux couches.

ERYTHROTRICHIA Aresh.

E. ceramicola (Lyngb.) Aresch. Le Jol. Liste Ch. pl. III fig. 1-2 —Debr. p. 47 ; *Bangia ceramicola* Chauv. Harv. Phyc. brit. n° 347 pl. 317 ; Hauck p. 12 fig. 1A-B.—Holm. Alg. n° 52 ; *Callithamnion simplex* Cr. n° 113.

JERSEY : ?
GUERNESEY : Près Bec-du-Nez sur un *Ceramium ciliatum* à l'extrême limite de basse marée (E. Marq.).
ALDERNEY : Fort Houmet (E. Marq.).
Fréquent en filaments isolés, rarement en quantité (Batt.).
FRANCE : Nord, Cherbourg, Ouest.—Rare.

E. ciliaris (Carm.) Thur. *E. Boryana* selon M. Batters.—Le Jol. n° 188 ; Debr. p. 47 ; *Bangia ciliaris* Carm. Harv. Phyc. br. n° 346 pl. 322—Cr. n° 392 ; *Porphyra bangiaeformis* Kütz. T. ph. XlX, 79.

BELGIQUE : Ostende (Epave) sur *Céramiacées*.
FRANCE : Nord, Cherbourg (tous deux sur *Laurencia*), Ouest.

E. reflexa (Thur.) Cr.—*Bangia reflexa* Cr. n° 347 ; Hauck p. 22 ; *Porphyra reflexa* Cr. Fl. Fin. p. 132 pl. 10 genre 73 fig. 1-3.

JERSEY : St. Brelade, sur *Codium tomentosum* (H.V.H.) R.R.R.
ALDERNEY : Sur *Corallina*, roches en dedans du Fort Houmet (E. Marq.) R.R.R.
FRANCE : Extr.O.

E. Welwitschii (Rüpr.) Batt. *Cruoria Welwitschii* Rupr. Och. Tang. Pl. 18 fig. 1 ; *Callithamnion lepadicola* J. Ag. Spec. Alg. III p. 12.

GUERNESEY : (Batters) R.R.R.
ALDERNEY : Platte Saline, sur des coquilles de Trochus (E. Marq.).

BANGIA Lyngb.

B. fusco-purpurea (Dillw.) Lyngb. Kütz. T. phyc. III, 29, VI— Cr. n° 393 ; Hauck p. 22 fig. 1A-B ; Harv. Phyc. n° —— pl. 96 ; *B. compacta* Zan. Kütz. III, 27 ; *B. bidentata* Kütz. III, 28 ; *B. pallida* Kütz. III, 29.—*B. crispak* III, 28.

JERSEY : Bulwark à St. Aubin ; Mourier Bay (H.V.H.) Miss White.
GUERNESEY :
BELGIQUE : Epave à Philippine (Kx.).
FRANCE : Nord, Cherbourg, Ouest (du Nord à l'Extr.O.).

B. Le Jolisii Denot in Le Jol. Le Jol. Liste Cherbourg p. 102 ; Le J. Alg. Ch. n° 161.

FRANCE : Cherbourg. R.R.

GONIOTRICHIUM Kütx.

G. elegans Le Jol. Le Jol. Liste p. 103 ; *Bangia elegans* Chauv.
Alg. Nor. n° 159 ; Harv. Phyc. n° —— pl. 246 ; *G. dichotomum*
Kütz. T. ph. III, 27 ; *G. ceramicola* Kütz. III, 27.

BELGIQUE : Ostende (Epave).
FRANCE : Nord, Calvados Ouest.

Deuxième Groupe.

EUFLORIDÉES.

NEMALIONINÉES.

HELMINTHOCLADIACÉES.

COLACONENIA Batt.

C. reticulatum Batt. non Schm.

JERSEY : Dans les frondes de *Desmarestia* (H.V.H.).

CHANTRANSIA Fries.

Ch. virgatula (Harv.) Thur. Hauck p. 39 fig. 10 ; Debr. p. 101 ;
Le Jol. n° 201 ; *Callithamnion virgatulum* Harv. Phyc. Brit. n° 279
pl. 313 ; Cr. n° 116 ; *Trentepohlia virgatula* Farl. M. Alg. pl. 10 fig. 3.

JERSEY : Noirmont Tower (H.V.H).
GUERNESEY : Selon M. Batters.
BELGIQUE : Sur *Ulva compressa* à Ostende (W.).
FRANCE : Du Nord à l'Extr.O.

var. minutissima. Ch. minutissima (Suhr.) Kütz. non Hauck ;
Callithamnion minutissimum Kütz. T. ph. vol. IX pl. 57.

JERSEY : Sur feuilles de *Zostera ;* St. Aubin ; Portelet ; La Rocque ;
Grouville ; Petit Port (H.V.H.).
ALDERNEY : Sur feuilles de *Zostera :* Clanque Bay et Platte Saline
(E. Marq.).

var. luxurians. Ch. luxurians (J. Ag.) Näg. Kütz. T. ph. XI
pl. 59—Holmes. n° 30.

ALDERNEY : Corbelets Bay sur *Ceramium rubrum* (E. Marq.).

Ch. corymbifera Thur. *Callithamnion caespitosum* J. Ag. *C.
Codii* Cr. ; *Ch. caespitosa* Batt. ; *Acrochaetium caespitosum* Batt.

FRANCE : N., O., Extr.O.

Ch. microscopica (Kütz.) Fosl. *Callithamnion microscopicum* Näg. in Kütz. Spc. 640 ; T. ph. XI pl. 58 fig. II.

JERSEY : St. Aubin (H.V.H.), sur *Calliblepharis ciliata.*

Ch. Daviesii (Dillw.) Thur. Debr p. 101 ; *Callithamnion Daviesii* Harv. Phyc. br. n⁰ 278 pl. 314 ; Kütz. T. ph. XI pl. 56 ; *Call. luxurians* Desm. non J. Ag.—Cr. n⁰ 118.

JERSEY : Selon M. Batters.
GUERNESEY : Saints Bay ; Petit Bot ; Fermain ; Bec-du-Nez ; Lihou Islands (E. Marq.).
ALDERNEY : Corbelets.
FRANCE : Du N. à l'Extr.O.
BELGIQUE : Epave à Nieuport.

Ch. secundata (Lyngb.) Thur. Debr. p. 101 ; Hauck p. 41—Le Jol. n⁰ 124 ; Holmes n⁰ 129 ; *Callithamnion secundatum* Lyngb. Hydr. Dan. p. 129 pl. 41 ; Kütz. T. ph. XI pl. 56—Cr. n⁰ 177.

ALDERNEY : Longy Bay ; Fort Houmet (E. Marq.).
FRANCE : Du Nord à l'Extr.O.

Ch. chylocladiae (Batters). *Acrochaetium chylocladiae* Batt. Catal. of Brit. Sea-Weeds page 59 ; *Colaconema chylocladiae* Batt. New Br. Mar. Algae, Journal of Bot. Janvier 1896.

JERSEY : La Rocco ; Elizabeth Castle (H.V.H), sur *Chylocladia ovalis.*

NÉMALIÉES.

NEMALION Targioni-Tozzetti.

N. multifidum (Webb et Mohr) J. Ag.
α *typica* fronde ramifiée à aisselles des ramifications arrondies. Harv. Phyc. br. n⁰ 218 pl. 36 ; Hauck p. 61 ; Kütz. T. phyc XVI pl. 61 –Le Jol. n⁰ 58 ; Cr. n⁰ 224 ?

JERSEY : Mlle. White.
ALDERNEY : Indiqué par M. Batters. A R.
FRANCE : Cherbourg et Extr.O.

β *lubrica. N. lubricum* Duby. Thalle non ramifié ou si ramifié à aisselles aiguës. Hauck p. 59 fig. 19 ; Cr. Fl. Fin. genre (fig. 117) ; Kütz. T. phyc. XVI pl. 62—Cr. n⁰ 223 ; *Nemalion multifidum β simplex* Harv.

ALDERNEY : Derrière le Fort Houmet à très basse marée (E. Marq.).
FRANCE : Extr.O.

Les deux formes sont à peine séparables et très souvent il est à peine possible de les distinguer avec sureté.

HELMINTHOCLADIA J. Ag.

H. purpurea (Harv.) J. Ag. Hauck p. 57 fig. 17 ; Debr. p. 101—
Cr. n° 221 ; *Nemalion purpureum* Harv. Phyc. br. n° 129 pl. 161 ;
Kütz. T. Ph. XVI pl. 62.

JERSEY : St. Clément (M. Prentice in Herb. Piq.).
GUERNESEY : Petit Bot ; Moulin Huet (E. Marq.). R.R.R
ALDERNEY : Indiqué par M. Batters.
FRANCE : Nord et Extr.O.

HELMINTHORA J. Ag.

H. divaricata (Ag.) J. Ag. Hauck P. 57 fig. 18—Cr. n° 222 ;
Dudresnaya divaricata Harv. Phyc. br. n° 221 pl. 110—*Nemalion
divaricatum* Kütz. XVI f. 63 ; *N. clavatum* Kütz. id. ; *N. ramosis-
simum* Zan. Kütz. XVI f. 63.

JERSEY : Grouville (Mlle. Turner in herb. Piq.) ; St. Clément (Mlle.
Tobie in herb. Piq.).
GUERNESEY : Saints Bay ; Petit Port ; Spur Point (E. Marq.).
ALDERNEY : Clanque.
FRANCE : De Cherbourg à l'Extr.O.

CHAETANGIACÉES.

SCINAIÉES.

SCINAIA Bivona.

S. furcellata Bivona. Debr. p. 101 ; Hauck p. 61 fig. 20—Cr.
n° 225 ; Holmes n° 221 ; *Ginnania furcellata* Montagne ; Harv. Phyc.
br. n° 210 pl. 69 ; Kütz. XVI fig. 68 ; *Ginnania pulvinata* Kütz.
loc. cit.

JERSEY : Indiqué par M. Batters.
GUERNESEY : Moulin Huet (E. Marq.).
ALDERNEY : Flaque de roche près du Fort Houmet (E. Marq.).
FRANCE : Toute la côte du Nord à l'Extr.O.

GELIDIACÉES.

I. BINDERELLÉES.

CHOREOCOLAX Reinsch.

Ch. polysiphoniae Reinsch. Contr. Alg. fung. p. 61 pl. 49A-C ;
Engl. Prantl. p. 341 fig. 208A-F.—Holmes n° 106.

GUERNESEY : M° Humber (1902), sur *Polysiphonia fastigiata*.
FRANCE : Roscoff. (Chalon).

II. HARVEYELLÉES.

HARVEYELLA Schmitz et Reinke.

H. mirabilis Schm. et Reinke. Reinke Alg. Fl. West. Ostsee
p. 28 ; Engl. Prantl. Nat. Pflanzenf. p. 344 fig. 209A-B ; Holmes
n° 116.

JERSEY : St. Ouen (H.V.H.), sur *Rhodomela subfusca.*
FRANCE : Nord.

III. WRANGÉLIACÉES.

NACCARIA Endlicher.

N. Wiggii (Turn.) Endl. Harv. Phyc. br. n° 216 pl. 38 ; Hauck
p. 53 fig. 16 ; Debr. p. 103 ; Kütz. T. ph. XVI pl. 67—Cr. n° 267 ;
Holmes n° 189.

JERSEY : St. Aubin (J. Piq.) ; Grouville (Miss Turner in herb. Piq.)
Gorey (Bell).. R.R.
GUERNESEY : Rocquaine Bay (E. Marq.).
FRANCE : Du Nord à l'Extr.O., çà et là en épave, très rare.

ATRACTOPHORA Crouan.

A. hypnoides Cr. Cr. Ann. sc. nat. 1848 vol. X pl. 11A ; Flor.
Fin. fig. 142 ; Engl. Prantl. p. 345 fig. 209C-E.

JERSEY : Ste. Cathérine (Mlle. Turner) ; St. Clément (M. Prentice
in herb. Piq.). R.R.
FRANCE : Extr.O. R.R.R.

GÉLIDIÉES.

PTEROCLADIA J. Ag.

Pt. capillacea (Gmel.) Born. et Thur. Debr. p. 104 ; Born. et
Thur. Not. Alg. p. 56 pl. 20 fig. 1—7 ; *Gelidium capillaceum* (Gmel.)
Ktz. Hauck p. 190 fig. 82A-C ; Kütz. T. ph. XVIII pl. 53 ; *G. cor-
neum var. pennatum* Grev. Ktz. T. ph. XVIII pl. 50 fig. D-F.

JERSEY : Corbière ; St. Brelade (H.V.H).
ALDERNEY : Spur Point (E. Marq.).
FRANCE : Indiqué au Nord et à l'Extr.O.

Plante très variable, offre des transitions à *Gelidium sesquipedale*
Thur. et à *G. attenuatum* Reinbold.

GELIDIUM Lamouroux.

G. crinale L. Harv. Phyc. br. n° 191 pl. 53 fig. 5 ; Debr. p. 104 ;
Acrocarpus spinescens Ktz. XVIII pl. 33 ; *G. corneum var. crinale*
Auct.—Cr. n° 232.

JERSEY : D'après M. Batters.
FRANCE : Toute la côte du N. à l'Extr.O.

G. pusillum Le Jol. Debr. p. 114 —Le Jol. n° 92 ; *G. corneum var. clavatum* Harv. Phyc. br. Cr. 191 pl. 53 fig. 6 ;—*G. corneum var. caespitosum* Cr. n° 231 ; *Acrocarpus pusillus* Ktz. T. ph. XVIII pl. 36.

Iles Anglo-Normandes : Non encore signalé.

France : Du N. à l'Extr.O.

G. latifolium (Harv.—Grev.) Born. et Thur. Born. et Thur. Notes Alg. p. 58 pl. 20 fig. 8—10 ; Debr. p. 104 ; *G. corneum var. latifolium* Harv. Phyc. br. pl. 53 fig. 3—Cr. n° 227 ; *G. corneum Linnaei et hypnoides* Ktz. T. ph. XVIII pl. 50 fig. A-B.

Jersey : Corbière ; St. Brelade ; Noirmont ; Portelet ; St. Aubin ; Elizabeth Castle ; Mourier Bay ; La Saline ; La Rocco Tower ; Crabbé (H.V.H.) ; Grouville ; Le Fret Point (J. Piq.).

Guernesey : D'après M. Batters.

France Nord, Extr.O.

var. pulchella Kütz. *G. corneum var. pulchellum* Grev. Harv. Phyc. br. Cr. n° 191 pl. 54 fig. 4.

Alderney : Fort Houmet (E. Marq.). R.

var. setacea Kütz. Kütz. T. phyc. XVIII pl. 54.

Guernesey : D'après M. Batters.

var. clavifera Grev. Harv. Phyc. br. n° 191 pl. 53—Le Jol. n° 191 ; *Gelidium claviferum* Kütz. XVIII fig. 54.

France : Cherbourg et Roskoff.

GIGARTININÉES.

GIGARTINACÉES.

GIGARTINÉES.

CHONDRUS J: Agardh.

Ch. crispus (L.) Stackh. Harv. Phyc. brit. n° 197 pl. 63 ; Hauck p. 134 fig. 53 ; Debr. p. 105 ; Kütz. Tab. Phyc. XVII pl. 49—Cr. n° 189 ; Le Jol. n° 164 et 244.

Jersey, Guernesey, Alderney : Commun sur toute la côte.

Belgique : Epave sur tout le littoral.

France : Sur tout le littoral de Dunkerque à Biarritz.

forma filiformis.

Jersey : St. Brelade ; Portelet ; Le Fret ; St. Aubin ; La Pulente (H.V.H.).

Ces formes passent de l'une à l'autre par toutes les transitions

GIGARTINA Stackhouse.

G. Teedii (Roth) Lamx. Harv. Phyc. br. n° 195 pl. 266 ; Hauck
p. 136 fig. 54 ;—Cr. n° 192 ; Holmes n° 40 ; *Chondroclonium Teedii*
Kütz. T. Phyc. XVII pl. 66.

JERSEY : St. Brelade (H.V.H.). R.R.R.
FRANCE : Extr.O.

G. acicularis (Wulf.) Lamx. Harv. Phyc. br. n° 194 pl. 104 ;
Debr. p. 149 ; Hauck p. 136 ; Kütz. T. ph. XVIII pl. 1—Cr. n° 190 ;
Le Jol. n° 112 ; *G. compressa* Ktz. T. ph. XVIII pl. 2.

JERSEY : St. Brelade ; l'Etac (H.V.H.).
GUERNESEY : Assez commun sur toute la côte (E. Marq.).
ALDERNEY : Platte Saline (E. Marq.).
FRANCE : Sur toute la côte du Nord à l'Extr.O.

G. pistillata (Gmel.) Stackh. Harv. Phyc. br. n° 193 pl. 232 ;
Kütz. T. ph. XVIII pl. 1—Cr. n° 191 ; Le Jol. n° 70 ; Holmes n° 65.

JERSEY : D'après M. Batters.
GUERNESEY : Petit Bot ; Moulin Huet ; Petit Port (E. Marq.).
R.R.R.
ALDERNEY : Mᵉ Gaudion.
FRANCE : Extr.O.

G. mamillosa (Good et Woodw.) J. Ag. Harv. Phyc. br. n° 196
pl. 199 ; Hauck p. 137 fig 55 ; Debr. p. 106 —Cr. n° 193 ; Le Jol.
n° 9 ; *G. stellata* (Stack.) Batt. ; *Mastocarpus mamillosus* Ktz. T.
ph. XVII pl. 39.

JERSEY : Grouville (Miss Turner in herb. Piq.) ; Anne-Port (De
Bell.) ; La Saline (H.V.H.).
GUERNESEY : Assez répandu mais non commun (E. Marq.).
ALDERNEY : Platte Saline ; Longy ; Braye (E. Marq.).
FRANCE : Toute la côte du N. à l'Extr.O.
BELGIQUE : Epave à Ostende et à Blankenberghe.

TYLOCARPÉES.

PHYLLOPHORA Greville.

P. rubens (Good. et Woodw.) Grev. Harv. Phyc. br. n° 199 pl. 131 ;
Debr. p. 107 ; Hauck p. 142 ; Kütz. T. ph. XIX pl. 76—Cr. n° 203 ;
Le Jol. n° 134.

JERSEY : Corbière ; St. Brelade ; Portelet ; La Rocque ; Noirmont
Tower ; Rozel ; Crabbé (H.V.H.) ; St. Aubin (Piq.).
GUERNESEY : Fréquent sur la côte sud ; Cobo (E. Marq.).
ALDERNEY : Corbelets ; Clanque (E. Marq.).
FRANCE : Du Nord à l'Extr.O.
BELGIQUE : Epave à Ostende.

P. Brodiaei (Turn.) Ag. Harv. Phyc. br. n° 201 pl. 20 fig. 2—4 excl. ; *Cacotylus Brodiaei* Kütz. T. ph. XIX pl. 74 fig. A-B idem. ; *forma elongata* Hauck fig. D ; *A. Actinococcus roseus* Kütz. T. ph. 1 pl. 31 (Némathécies).

JERSEY : St. Brelade ; St. Clément ; La Rocque ; Mourier Bay ; Havre Giffard (H.V.H., 1902).
FRANCE : Indiqué par De Toni.
BELGIQUE : Epave à Ostende (Kx.).

P. palmettoides J. Ag. Harv. Phyc. br. n° 202 pl. 310 et *P. Brodiaei var. simplex* pl. 201 fig. 2—4 ; Hauck p. 144 ; *Phyllotylus siculus* Kütz. T. ph. XIX pl. 75 ; *Sphaerococcus nicaensis* Kütz. T. ph. XVIII pl. 96 ; *Sph. palmetta var.* XVIII pl. 98 ;—Cr. n° 205 ; Le Jol. n° 13 ; Holmes n° 18.

JERSEY : Rozel ; Crabbé (H.V.H.) ; Grouville (Mlle. Turner in herb. Piq.) ; Corbière (Bov. Lap.).
GUERNESEY : Petit Bot (E. Marq.).
ALDERNEY : Braye Bay (E. Marq.).
FRANCE : De Cherbourg à l'Extr.O.

P. membranifolia (Good. et Woodw.) J. Ag. Harv. Phyc. brit. n° 200 pl. 163 ; Debr. p. 108 ; *Phyllotylus membranifolius* Kütz. T. ph. XIX pl. 75—Cr. n° 206 ; Le Jol. n° 34.

GUERNESEY : Petit Port (E. Marq.).
ALDERNEY : M⁰ Gaudion.
FRANCE : Du N. à l'Extr.O.

STENNOGRAMMA Harvey.

S. interrupta (Ag.) Mont. Harv. Ph. br. n° 176 pl. 157 ; Cr. Fl. Fin. fig. 112 ; Kütz. T. ph. XVI pl. 21—Cr. n° 217 (forme stérile) ; Holmes n° 194 ; idem n° 273 (tétraspores).

JERSEY : Indiqué par Mlle. White (? ?)
FRANCE : Cherbourg (Le Jol.), Extr.O.

GYMNOGONGRUS Martins.

G. Griffithsiae (Turn.) Mart. Harv. Ph. br. n° 204 pl. 108 ; Hauck p. 139 fig. 5 A et B *non* C ; Debr. p. 153 ; Kütz. T. ph. XIX pl. 165 ; *G. tentaculatus* Kütz. id. ; *G. furcellatus* Kütz. id.—Cr. n° 200.

JERSEY : Rare, une seule fois trouvé (H.V.H., 1903), mais l'étiquette ayant été égarée, la localité ne peut être précisée.
GUERNESEY : Petit Bot (E. Marq.).
ALDERNEY : Corbelets (E. Marq.).
FRANCE : Du N. à l'Extr.O.

Obs. : Les cystocarpes et les tétrasporanges sont inconnus ; le thalle porte de distance en distance des bourrelets arrondis qui sont formés par *l'Actinococcus aggregatus Schm.* et qui étaient considérés par les anciens auteurs (voir pl. ci-dessus citée de Harvey) comme constituant les némathécies de la plante.

G. norvegicus (Gunn.) J. Ag. Debr. p. 109—Cr. n° 201 ; Le Jol. n° 150 ; *Chondrus norvegicus* Lyngb. Harv. n° 198 pl. 187 ; *Oncotylus norvegicus* Kütz. T. ph. XIX pl. 61.

JERSEY : Corbière (H.V.H.).

GUERNESEY : Fermain ; Bec-du-Nez ; Moulin Huet ; Petit Bot (E. Marq.).

FRANCE : Toute la côte du N. à l'Extr.O.

BELGIQUE : Epave à Ostende.

Tétrasporanges inconnus ; on a parfois pris pour eux un parasite, *l'Actinococcus peltaeformis.*

AHNFELTIA Fries.

A. plicata (Huds.) Fries. Debr. p. 109—Cr. n° 199 ; Le Jol. n° 141 ; *Gymnogongrus plicatus* (Huds.) Kütz. Harv. Phyc. brit. n° 205 pl. 288 ; Kütz. T. ph. XIX pl. 66.

JERSEY : Portelet ; Fort St. Aubin ; St. Clément ; Grouville ; St. John ; Petit Port (H.V.H.) ; Portelet (J. Piq.).—Non rare.

GUERNESEY : Fréquent sur toute la côte (E. Marq.).

ALDERNEY : Platte Saline ; Corbelets ; Clanque (E. Marq.).

FRANCE : Du Nord à l'Extr.O.

BELGIQUE : Ostende (De Wildeman) Epave sur toute la côte (Kx.).

Obs. : Le thalle porte très souvent des excroissances qui ont été antérieurement considérées comme les némathécies de l'algue et qui sont constituées par un parasite, le *Sterrocolax decipiens Schm.*

ACTINOCOCCUS Kützing.

A. peltæformis Schm. Schm. Die gattung Actinococcus p. 387 pl. VII fig. 10 ; Engl. Prantl. Nat. pflanzenfam. p. 360 fig. 219B—Cr. sur le n° 201.

Sur le *Gymnogongrus norvegicus.*

JERSEY : Corbière (H.V.H.).

Probablement aussi à GUERNESEY et ALDERNEY mais non encore signalé.

FRANCE : Du N. à l'Extr.O., mais n'a pas été signalé à Cherbourg.

A. aggregatus Schm. Schm. Die Gatt. Actinococcus p. 385 pl. VII fig. 4-7.

Sur le *Gymnogongrus Griffithsiæ.*

ILES ANGLO-NORMANDES : Non encore signalé.

FRANCE : Signalé au Nord et à l'Extr.O.

COLACOLEPSIS Schmitz.

C. incrustans Schm. Schm. Die Gatt. Actinococcus p. 406 ; Engl. Prantl. p. 361.

Sur *Phyllophora rubens Schmitz.*

JERSEY : Crabbé (H.V.H.).

STERROCOLAX Schmitz.

S. decipiens Schm. Schm. Die Gatt. Actinococcus p. 394 pl. VII fig. 11-12 ; Engl. Prantl. p. 366—Cr. sur n° 199.

JERSEY : Portelet ; St. Clément ; Corbière Rocks ; Havre Giffard (H.V.H.) sur *Ahnfeltia plicata.*
FRANCE : Cherbourg, Grouville, Roscoff (J. Ch.).

CALLYMÉNIÉES.

CALLOPHYLLIS Kützing.

C. laciniata (Huds.) Kütz. Kütz. T. ph. XVII pl. 84 ; *Rhodymenia laciniata* Harv. Phyc. br. n° 178 pl. 121—Cr. n° 196.

JERSEY : St. Aubin ; Corbière ; La Rocque ; l'Etac ; St. Brelade (H.V.H.) ; Ste. Cathérine (J. Piq.).
GUERNESEY : Assez commun (E. Marq.).
ALDERNEY : Platte Saline (E. Marq.).
SARK : Mlle. Lelièvre.
FRANCE : Du Nord à l'Extr.O. surtout à l'Extr.O.

C. flabellata Cr. Fl. du Fin. p. 143 fig. 104—Cr. n° 197.

FRANCE : O. et Extr.O.

CALLOCOLAX Schmitz.

C. neglectus Schm. Batt. in Annals of Botany 1895 p. 318 pl. XI fig. 24-29—Holmes n° 154.

JERSEY : La Rocque (H.V.H.).
FRANCE : N. et Extr.O.

CALLYMENIA J. Agardh.

C. reniformis (Turner) J. Ag. Harv. Phyc. br. n° 211 pl. 13 ; J. Ag. Epicrisis p. 221—Cr. n° 194.

JERSEY : Grouville (Mlle. Turner in herb. Piq.).
GUERNESEY : Petit Bot ; Moulin Huet ; l'Ancresse Bay (E. Marq.).
ALDERNEY : Longy.
FRANCE : De Cherbourg à l'Extr.O.

var. *Ferrarii* (Lamx.) J. Ag. *Euhymenia reniformis* Kütz. T. ph. XVII pl. 79.

GUERNESEY M. Batters.

FRANCE : Cherbourg et Extr.O., 2 loc. indiquées.

C. microphylla J. Ag.—Cr. n° 195 ; Holmes n° 206 ; *Iridaea minor* Kütz. T. ph. XVII fig. 3D ? *Meredithia microphylla* J. Ag. Analecta p. 74.

JERSEY : St. John ; Bouley Bay (1902, H.V.H.).

FRANCE : Cherbourg et Extr.O.

RHODOPHYLLIDACÉES.

CYSTOCLONIÉES.

CYSTOCLONIUM Kützing.

C. purpurascens Kütz. Kütz. T. Phyc. XVIII pl. 15 ; Debr. p. 111 ; Hauck p. 149 fig. 61—Cr. n° 198 ; Le Jol. n° 226 ; *Hypnea-purpurascens* Harv. Phyc. br. n° 189 pl. 116.

JERSEY : St. Brelade ; Le Gîte ; Noirmont ; Portelet ; Elizabeth Castle ; Ste. Catherine ; St. Ouen (H.V.H.) ; Pointe-des-Pas (Piq.).—Non rare.

GUERNESEY : Assez commun.

ALDERNEY : Clanque.

FRANCE : Toute la côte du Nord à l'Extr.O.

BELGIQUE : Ostende ; Nieuport ; La Panne, en épave.

CATENELLA Greville.

C. Opuntia (Good et Woodw.) Greville. Harv. Phyc. br. n° 214 pl. 88 ; Hauck p. 186 fig. 80 ; Debr. p. 111 ; Kütz. T. ph. XVI pl. 71 —Cr. n° 209 ; Le Jol. n° 21.

JERSEY : St. Brelade ; La Rocco Tower (accompagné là du *Dermo-carpa prasina*, du *Pleurocapsa fuliginosa* et du *Lichina confinis*) ; Ste. Catherine (où il couvre de grandes surfaces rocheuses) (H.V.H.).

GUERNESEY : Entrée d'une grotte à Bec-du-Nez ; Lihou Islands ; très abondant (E. Marq.).

ALDERNEY : Assez commun tout le long de la côte, sur les rochers, juste en-dessous de haute marée (E. Marq.).

FRANCE : Nombreuses stations tout le long de la côte du N. à l'Extr.O.

BELGIQUE : Sur pilotis du port d'Ostende.

RHODOPHYLLIDÉES.

RHODOPHYLLIS Kützing.

R. bifida (Good et Woodw.) Kütz. Kütz. T. ph. XIX pl. 50;
Debr. p. 112; Hauck p. 166 fig. 69—Cr. n° 215; Le Jol. n° 98;
Inochorion cervicorne et *dichotomum* Kütz. T. ph. XVI pl. 22;
Rhodymenia bifida Harv. n° 177 pl. 32 (variétés exclues).

JERSEY : St. Brelade ; Ste. Catherine (H.V.H.) ; St. Aubin (J. Piq.).
GUERNESEY : Commun sur toute la côte (E. Marq.).
ALDERNEY : Platte Saline ; Clanque (E. Marq.).
FRANCE : Du Nord à l'Extr.O.

R. appendiculata J. Ag.—Cr. n° 216. *R. bifida var. ciliata* Harv.
Phyc. brit. n° 177 pl. 32 fig. 3.

JERSEY : Selon M. Batters.
GUERNESEY : Fermain Point ; Cobo ; Bordeaux ; Bec-du-Nez (E.
Marq.).
FRANCE : Du N. à l'Extr.O., mais rare.

RHODYMÉNINÉES.

SPHAEROCOCCACÉES.

SPHAEROCOCCÉES.

SPHAEROCOCCUS Greville.

S. coronopifolius (Good et Woodw.) Stackh. Harv. Phyc. br.
n° 184 pl. 61 ; Hauck p. 180 fig. 76 ; Debr. p. 113—Cr. n° 252 ; Le
Jol. n° 40—*Rhynchococcus coronopifolius* Kütz. T. ph. XVIII pl. 10.

JERSEY : St. Brelade ; Portelet ; Ste. Catherine ; l'Etac (H.V.H.) ;
St. Aubin (J. Piq.) ; La Rocque (Bov. Lap.).
GUERNESEY : Petit Port Bay et Bec-du-Nez, en épave (E. Marq.).
ALDERNEY : Corbelets Bay, en épave (E. Marq.).
FRANCE : Toute la côte du N. à l'Extr.O.

GRACILARIÉES.

GRACILARIA Grev.

G. confervoides (L.) Grev. Harv. Phyc. br. n° 187 pl. 65 ; Hauck
p. 182 fig. 77 ; Debr. p. 114—Le Jol. n° 192 ; *Plocaria confervoides*
Cr. n° 248 et 249 ; *Sphaerococcus confervoides* Ag. Kütz. T. ph.

XVIII pl. 72 ; *Mychodea coerulescens* Kütz. T. ph. XVI pl. 83 ;
Sphaerococcus divergens Kütz. T. ph. XVIII pl. 72.

JERSEY : St. Brelade ; St. Aubin ; Ste. Catherine ; St. John
(H.V.H.), (sans loc. in herb. Piq.).
GUERNESEY : Commun (E. Marq.).
ALDERNEY : Corbelets (E. Marq.).
FRANCE : Toute la côte du N. à l'Extr.O.
BELGIQUE : Sur pierres et coquilles à Nieuport.

G. compressa (Ag.) Grev. Harv. Phyc. br. n° 186 pl. 205 ; Hauck
p. 183 fig. 78 ; Debr. p. 114—Le Jol. n° 131 ; *Plocaria compressa*
Mont. Cr. n° 250 ; *Sphaerococcus compressus* XVIII pl. 78 ; *S. vagus*
XVIII pl. 76.

JERSEY : L'Etac (H.V.H.). R.R.R.
FRANCE : Du N. à l'Extr.O.

CALLIBLEPHARIS Kützing.

C. ciliata (Huds.) Kütz. Kütz. T. ph. XVIII pl. 12 ; Debr. p. 115
—Cr. n° 245 ; *Rhodymenia ciliata* Harv. Phyc. br. n° 181 pl. 125.

JERSEY : St. Brelade ; Portelet ; St. Clément ; Ste. Catherine ;
l'Etac ; La Rocque (H.V.H.).
GUERNESEY : Fermain ; Bordeaux ; l'Ancresse Bay (E. Marq.).
FRANCE : Toute la côte du N. à l'Extr.O.
BELGIQUE : Epave à Nieuport.

C. jubata (Good et Woodw.) Kütz. Kütz. T. phyc. XVIII pl. 13
fig. A.B.—Cr. 246 ; Le Jol. n° 142 ; *Rhodymenia jubata* Harv. Phyc.
br. n° 182 pl. 173 ; *C. lanceolata* (Stackh.) Batt.

JERSEY : St. Clément (Mlle Tobie in herb. Piq.).
GUERNESEY : Ca et là partout.
ALDERNEY : Longy ; Clanque (E. Marq.).
FRANCE : Du Nord à l'Extr.O.
BELGIQUE : Ostende (Willd) Epave.

RHODYMENIACÉES.

RHODYMENIÉES.

RHODYMENIA J. Agardh.

R. palmetta (Esper.) Grev. Harv. Phyc. br. n° 179 pl. 134 ;
Hauck p. 161 fig. 67 ; Debr. p. 116—Cr. n° 213 et 214 ; *Sphaero-*

coccus palmetta Kütz. T. ph. XVIII pl. 97-98 ; (excl. *d.* et *e.*) et pl. 99.

JERSEY : St. Brelade, Roches vers Portelet (Le Fret) ; Portelet ; St. Ouen (H.V.H.) ; St. Aubin (J. Piq.).
La *var. acutifolia* Kütz. mêmes localités (H.V.H.).
GUERNESEY : Petit Port ; Fermain ; l'Ancresse Bay (E. Marq.).
ALDERNEY : Corbelets.
FRANCE : Du N. à l'Extr.O.
BELGIQUE : Epave (Kx.).

R. palmata (L.) Grev. Harv. Phyc. br. n° 183 pl. 217 et 218 ; Hauck p. 163 forme type ; Debr. p. 115—Cr. n° 211 et 212 ; Le Jol. n° 157 ; *Sphærococcus palmatus* Kütz. XVIII pl. 89 et 90.

JERSEY : Portelet ; Noirmont ; La Rocco ; La Rocque ; Mourier Bay, etc., etc. Commun et très abondant.
GUERNESEY : Très commun (E. Marq.).
ALDERNEY : Longy ; Clanque ; Corbelets (E. Marq.).
FRANCE : Toute la côte du N. à l'Extr.O.
BELGIQUE : Epave à Ostende et sur tout le littoral.

var. marginifera. Kütz. T. ph. XVIII pl. 19.
JERSEY : Portelet ; St. Aubin ; La Pulente (H.V.H.).
FRANCE : Cherbourg.

var. sobolifera Ag. Kütz. T. ph. XVIII pl. 90.
JERSEY : St. Brelade ; St. Ouen ; Anne-Port ; Ste. Catherine ; La Pulente ; Grouville ; St. Clément (H.V.H.).
GUERNESEY : Fermain Point ; Bec-du-Nez (E. Marq.).
FRANCE : Extr.O.

var. laciniata.
JERSEY : St. Aubin ; Ste. Catherine ; Anne Port (H.V.H.).

var. sarniensis Grev.
JERSEY : St. Brelade ; Le Fret ; Portelet ; Noirmont ; Elizabeth Castle ; Ste. Cathérine ; Crabbé (H.V.H.) in herb. Piq. sans localité.
GUERNESEY : En différents endroits de Vale Coast (E. Marq.).
ALDERNEY : Me Gaudion.
FRANCE : Du N. à l'Extr.O.
BELGIQUE : Epave entre Nieuport et La Panne.

CORDYLECLADIA J. Agardh.

C. erecta (Grev.) J. Ag. Debr. p. 146 ; *Gracilaria erecta* Grev. Harv. Phyc. brit. n° 188 pl. 177—Cr. n° 247.
JERSEY : Liste de Mlle. White.
FRANCE : Du N. à l'Extr.O. R.

LOMENTARIA Lyngbye.

L. articulata (Huds.) Lyng. Debr. p. 117 ; Kütz. T. ph. XV pl. 85—Cr. n° 274 ; Le Jol. n° 31 ; *Chylocladia articulata* Grev. in Harv. Phyc. br. n° 146 pl. 283 ; Hauck p. 156.

JERSEY : Corbière ; St. Brelade ; La Rocque ; Bouley Bay ; Mourier Bay ; Rozel ; Crabbé (H.V.H.) ; St. Clément (J. Piq.).
GUERNESEY : Commun (E. Marq.).
ALDERNEY : Platte Saline ; Longy ; Clanque (E. Marq.).
FRANCE : Toute la côte du N. à l'Extr.O.
BELGIQUE : En épave et sur les pierres : Ostende ; Nieuport ; La Panne.

L. clavellosa (Turn.) Gaill. Debr. p. 117—Le Jol. n° 172 ; *Chrysymenia clavellosa* Harv. Phyc. brit. n° 140 pl. 114 ; *Chylocladia clavellosa* Grev. Hauck. p. 154—Cr. n° 210 ; *Chondrothamnion clavellosum* Kütz. XV pl. 81.

JERSEY : Ste. Catherine ; Corbière ; St. John ; Crabbé ; St. Brelade ; La Rocco (H.V.H.) ; Pointe-des-Pas (M. Prentice in herb. Piq.) ; St. Aubin (Juillet Bell.).
GUERNESEY : Cobo ; Bordeaux ; Rocquaine (E. Marq.).
ALDERNEY : Longy Bay (E. Marq.).
FRANCE : Toute la côte, du Nord à l'Extr.O.
BELGIQUE : Ostende, attaché aux pierres.

CHAMPIA Lamouroux.

Ch. parvula (Ag.) Harv. Debr. p. 118 *Lomentaria parvula* Gaill. Kütz. T. ph. XV pl. 87—Cr. n° 273 ; *Chylocladia parvula* Ag. Harv. Phyc. br. n° 145 pl. 210 ; Hauck pl 157.

JERSEY : La Motte (Bov. Lap.).
GUERNESEY : Fermain ; Petit Port ; Bordeaux ; Cobo (E. Marq.).
ALDERNEY : Clanque (E. Marq.).
FRANCE : Toute la côte du N. à l'Extr.O.
BELGIQUE : Epave à Ostende.

CHYLOCLADIA Greville.

Ch. Kaliformis (Good. et Woodw.) Hooker. Harv. Phyc. Brit. n° 143 pl. 145 ; Debr. p. 119 ; *Lomentaria Kaliformis* Gaill. Hauck p. 200 fig. 87 ; Kütz. T. ph. XV pl. 86.

JERSEY : Dans presque toutes les baies (H.V.H.).
GUERNESEY : Assez commun (E. Marq.).
ALDERNEY : Corbelets ; Longy ; Clanque (E. Marq.).
FRANCE : Toute la côte du N. à l'Extr.O.
BELGIQUE : Nieuport (Epave).

Le Jolis distingue 3 formes.

1. forma *vernalis* Le Jol.

Lomentaria Kaliformis Cr. n° 270.

FRANCE : Cherbourg, au printemps.   A.R.

2. forma *aestivalis* Le Jol.

Ch. Kaliformis var. patens Harv. Phyc. br. n° 143 pl. 145 β ; Le Jol. n° 165.

FRANCE : Cherbourg, Eté.

3. forma *helminthoides* Le Jol. n° 202.

FRANCE : Cherbourg.   A.C.

var. *squarrosa* (Harv.) Le Jol.   Harv. Phyc. br. n° 143 pl. 145 γ ; *Chylocladia squarrosa* Le Jol. n° 144 ; *Lomentaria squarrosa* Kütz. T. ph. XV pl. 90 id. pl. 91 ; *L. phalligera* et pl. 94 s. n. *L. ambigua ; Lomentaria Kaliformis var. tenella* Cr. n° 271.

ILES ANGLO-NORMANDES : M. Batters.
FRANCE : Cherbourg, Automne-Hiver. C. (Le Jolis)—Extr.O.

Ch. ovalis (Huds.) Hook.   Harv. Phyc. br. n° 142 pl. 118 ; Debr. p. 119—Le Jol. n° 125 ; *Lomentaria ovalis* Endl.—Cr. n° 269 ; Hauck p. 202 ; *Gastroclonium ovale* Kütz. XV pl. 98 ; *G. umbellatum* Kütz. id. pl. 97 ; *G. subarticulatum* id. pl. 98.

JERSEY : Fréquent, St. Brelade ; St. Clément ; St. Ouen ; Corbière ; Mourier Bay, etc. (H.V.H.).
GUERNESEY : Fréquent sur toute la côte (E. Marq.),
ALDERNEY : Clanque ; Corbelets (E. Marq.).
FRANCE : Toute la côte du Nord à l'Extr.O.
BELGIQUE : Epave à Ostende.

Ch. reflexa (Chauvin) Lenorm.   Harv. Phyc. br. n° 144 pl. 42 ; Hauck p. 201 ; Debr. p. 119—Cr. n° 272 ; Holmes n°ˢ 11 et 42 ; *Gastroclonium reflexum* Kütz. T. ph. XVI pl. 100.

GUERNESEY : Cobo (E. Marq.).
FRANCE : Nord, Ext.O.
BELGIQUE : Trouvé une fois en épave à la Panne (Kx.).

PLOCAMIUM Lyngbye.

P. coccineum (Huds.) Lyngb.   Harv. Phyc. br. n° 175 pl. 44 ; Debr. p. 120 ; Hauck p. 164 fig. 68 ; Kütz. XVI pl. 41—Cr. n° 218 ;

Le Jol. n° 217 ; (*forma latifrons* Le Jol.) n° 195 ; (*forma angustifrons* Le Jol.).

JERSEY : Commun sur toute la côte mais surtout abondant à St. Ouen (H.V.H.).
GUERNESEY : Généralement répandu mais non très commun (E. Marq.).
ALDERNEY : Clanque ; Longy ; Corbelets (E. Marq.).
FRANCE : Du N. à l'Extr.O.
BELGIQUE : En épave sur toute la côte.

var. uncinatum J. Ag.
Plus petit, plus délicat, à rameaux plus étalés.
Harv. Phyc. br. n° 175 pl. 44 fig. 9 ; Debr. p. 120 ; Kutz. T. ph. XVI pl. 44 ; *Pl. fenestratum* Kutz. T. ph. XVI pl. 43 ; *Pl. subtile* Kütz. XVI pl. 42.

FRANCE : Du N. à l'Extr.O.

var. Binderiana Kütz. *P. Binderianum* Kütz. Kütz. T. ph. XVI pl. 46 fig. D-F.

JERSEY : St. Ouen (H.V.H.).

DELESSERIACÉES.

NITOPHYLLÉES.

NITOPHYLLUM Greville.

N. punctatum (Stackh.) Harv. Harv. Phyc. br. n° 169 pl. 202 ; Hauck p. 170 fig. 71 ; Debr. p. 121 ; Cr. Fl. Fin. pl. 21 fig. 140--Cr. n° 253 ; *Aglaophyllum ocellatum* Kütz. et *A. delicatulum* Kütz. T. ph. XVI p. c. 35.

JERSEY : Corbière ; St. Brelade ; Crabbé ; St. John (H.V.H.) ; St. Clément (Herb. Piq.), forme non typique.
GUERNESEY : Cobo (E. Marq.).—Rare.
ALDERNEY : Fort Houmet (E. Marq.).

var. ocellatum (Lamx.) Ag. Harv. Phyc. br. n° 169 p. 203 ; Debr. p. 121.

GUERNESEY : Petit Bot ; Cobo ; Moulin Huet (E. Marq.).
FRANCE : Du N. à l'Extr.O.

N. Bonnemaisonii Grev. Harv. Phyc. n° 171 pl. 23—Cr. n° 255 ; *Cryptopleura Bonnemaisonii* Kütz. T. Phyc. XVI pl. 28 fig. C-D.

JERSEY : (De Bell.) in herb. H.V.H.
FRANCE : De Cherbourg à l'Extr.O.

N. versicolor Harv. Harv. Phyc. br. pl. 9 ; Debr. p. 122 ; *Cryptopleura versicolor* Kütz. T. ph. XVI pl. 28 fig. A. B. ; *Aglaophyllum heterocarpum* Kütz. XVI pl. 37.

JERSEY : Mlle. White.
ALDERNEY : M⁰ Gaudion.

N. uncinatum (Turn.) J. Ag. Hauck p. 171—Holmes n° 16 ; *Cryptopleura lacerata* Kütz. T. ph. XVI pl. 25 fig. *e.*

JERSEY : St. Aubin, en Juillet (Bell. in herb. H.V.H.).
GUERNESEY : Bordeaux (E. Marq.). R.R.R.
ALDERNEY : Longy ; Clanque (E. Marq.).
FRANCE : De Cherbourg à l'Extr.O.

Note : N'est pas selon M. Batters le *N. laceratum var. uncinatum* Grev. comme l'indiquent la plupart des auteurs.

N. Gmelini Grev. Harv. Phyc. br. n° 172 pl. 235 ; Debr. p. 122— Cr. n° 257 ; *Schizoglossum Gmelini* Kütz. T. phyc. XVl pl. 32 fig. A-E.

JERSEY : Grève de St. Aubin (de Bell. in herb. H.V.H.).
GUERNESEY : Liste de Mlle. Lelièvre.
ALDERNEY : Corbelets Bay (E. Marq.).
FRANCE : Du N. à l'Extr.O.
BELGIQUE : Epave près Nieuport.

N. laceratum (Gmel.) Grev. Harv. Phyc. br. n° 173 pl. 267 ; Debr. p. 121—Cr. n° 258 et 259 ; Le Jol. n° 76 ; *N. ramosum* (Huds.) Batt. ; *Cryptopleura lacerata* Kütz. T. ph. XVI pl. 25 fig. A-D. (mais non E).

JERSEY : St. Brelade ; Portelet ; La Rocque ; Mourier Bay ; La Houle ; Havre Giffard ; La Saline ; Bouley Bay ; Anne Port ; St. John ; St. Ouen (H.V.H.) ; St. Aubin ; Seymour Tower, Le Couperon (Bov. Lap.) ; St. Clément (Piq.).
GUERNESEY : Généralement distribué et assez commun.
FRANCE : Toute la côte, du N. à l'Extr.O.

Certains auteurs y établissent deux formes.

1. *forma lobata* Kütz. ; on la trouve à Portelet, St. Ouen, etc.

2. *forma dichotoma* Kütz. ; St. Brelade, Portelet, St. Ouen, etc.

N. reptans Cr. Cr. Flor. du Fin. p. 153 fig. 140 bis.—Holmes n° 16.

GUERNESEY : Sur le *Lithothamnion polymorphum* à Petit Port (E. Marq.).
FRANCE : Indiqué à Cherbourg et à l'Extr.O.

N. Hilliæ Grev. Harv. Phyc. brit. n° 170 pl. 169—Cr. n° 256 ; Le Jol. n° 215 ; *Cryptopleura Hilliæ* Kütz. XVI pl. 29.

JERSEY : Ste. Cathérine (H.V.H.) ; St. Aubin, Juillet (De Bell. in herb. H.V.H.). R.R.
GUERNESEY : Fermain Point à l'Extr. limite de basse mer (E. Marq.).
ALDERNEY : Longy ; Braye Bay (E. Marq.).
FRANCE : De Cherbourg à l'Extr.O.

N. venulosum Zan. Hauck p. 172 ; *Acroserium aglaophylloides* Zan. in Kütz. T. ph. XIX pl. 10 fig. A-B.

JERSEY : St. Aubin, Juillet, 1903 (de Bell. in h. H.V.H.) det. Reinbold.

GONIMOPHYLLUM Batters.

G. Buffhami Batt. Journ. of Botany XXX pl. 65 ; de Toni Syll. alg. IV p. 668.

JERSEY : Portelet (Févr. 1902, H.V.H.), sur le *Nitophyllum laceratum.*

DELESSERIA Lamouroux.

D. sanguinea Lamx. Harv. Phyc. brit. n° 163 pl. 151 ; Debr. p. 124 ; *Hydrolapathum sanguineum* (L.) Stackh. Hauck p. 168 fig. 70 ; Kütz. T. ph. XVI pl. 17—Le Jol. n° 29 ; Holmes n° 108 ; *Wormskioldia sanguinea* Spr. Cr. n° 220.

JERSEY : Ste. Catherine (Piq.) ; St. Ouen ; Portelet ; Bouley Bay ; St. John ; Rozel ; Havre Giffard ; La Houle ; Corbière Rocks ; Grève-au-Lançon ; Mourier Bay ; Elizabeth Castle ; St. Clément (H.V.H.).
Se trouve souvent en épave, surtout à la Rocco Tower.
GUERNESEY : Fréquent en épave ; les échantillons enracinés sont en général petits (E. Marq.).
ALDERNEY : Clanque ; Corbelets ; Longy (E. Marq.).
FRANCE : Toute la côte du N. à l'Extr.O.
BELGIQUE : Entre Nieuport et La Panne (Epave).

D. alata (Huds.) Lamx. Harv. Phyc. n° 165 pl. 247 ; Debr. p. 123 ; Hauck p. 176—Le Jol. n° 227 ; Cr. n° 263, 264 ; *Hypoglossum alatum* Kütz. T. ph. XVI pl. 16A-D ; *H. carpophyllum* id. XVI pl. 17A-C.

JERSEY : Portelet ; La Rocque ; St. John ; La Palue ; Grève-au-Lançon ; Havre Giffard ; La Saline ; Anne-Port (H.V.H.) ; St. Clément (Mr Tobie in herb. Piq.).
GUERNESEY : Fréquent sur toute la côte.
ALDERNEY : Corbelets ; Longy.
FRANCE : Du N. à l'Extr.O.
BELGIQUE : Blankenberghe, Ostende (Epave).

D. ruscifolia (Turn.) Lamx. Harv. Phyc. br. n° 168 p. 26 ; Debr. p. 123 ; Hauck p. 176—Cr. n° 262 ; *Hypoglossum ruscifolium* Kütz. T. ph. XVI pl. 12.

JERSEY : Crabbé ; Anne-Port ; Petit Port ; La Houle (H.V.H.).
GUERNESEY : Assez commun (E. Marq.).
ALDERNEY : Longy (E. Marq.).
FRANCE : Toute la côte du N. à l'Extr.O.

D. hypoglossum (Wood.) Lamx. Harv. Phyc. br. n° 167 pl. 2 ; Debr. p. 123 ; Hauck p. 174—Cr. n° 260, 261 ; Le Jol. n° 205.

JERSEY : Portelet ; St. Brelade (H.V.H.) ; Pointe-des-Pas (herb. Piq.
GUERNESEY : Assez commun (E. Marq.).
ALDERNEY : Longy.
FRANCE : Toute la côte du Nord à l'Extr.O.

Comprend les formes suivantes dont α doit être considérée comme le type.

α *forma Woodwardi* Hauck p. 174 fig. 75 ; *Hypoglossum Woodwardi* T. ph. XVI pl. II.

JERSEY : Portelet ; St. Brelade ; St. Ouen ; Crabbé ; St. John ; Bouley Bay ; Corbière (H.V.H.).

β *forma crispa* Zanard. *Hypoglossum crispum* Kütz. T. ph. XVI pl. 13.

JERSEY : Elizabeth Castle ; Noirmont Tower ; Havre Giffard ; Mourier Bay (H.V.H.).

γ *forma angustifolia* Kütz. ; Hauck p. 76 ; *Hypoglossum minutum* Kütz. T. ph. XVI pl. 14.

JERSEY : Grouville ; Mourier Bay ; Havre Giffard (H.V.H.).

δ *forma glomerata* Chauv. ; Cr. n° 261.

FRANCE : Ouest et Extr.O.

ε *forma recurvata* Heydrich.

JERSEY : Elizabeth Castle (H.V.H.).

D. angustissima (Griff.) J. Ag. Harv. Phyc. br. n° 166 pl. 83 ; Epiphyte du *Laminaria digitata.*

JERSEY : Mlle. White.
FRANCE : Extr.O.

D. sinuosa (Good. et Wood.) Lamx. Harv. Phyc. br. n° 164 pl. 259 ; Hauck p. 177 pl. 74 ; Debr. p. 124—Le Jol. n° 49 ; *Phyco-drys sinuosa* Kütz. T. ph. XVI pl. 20.

JERSEY : Ste. Catherine (Piq.) ; St. Brelade ; Le Fret ; Portelet ; St. Aubin (sur stipe de *Laminaria*) ; Elizabeth Castle ; St. Ouen (H.V.H.).

GUERNESEY : Petit Bot ; Vazon Bay ; l'Ancresse Bay, comme épave, très abondant, en 1894, à Moulin Huet (E. Marq.).

ALDERNEY : Clanque.

FRANCE : Du N. à l'Extr.O.

BONNEMAISONIA Agardh.

B. asparagoides (Woodw.) Ag. Harv. Phyc. br. n° 143 pl. 51 ; Hauck p. 209 fig. 90 ; Kütz. T. Phyc. XV pl. 32—Cr. n° 276.

JERSEY : St. Aubin (Herb. Piq.) et Bov. Lap. ; Seymour Tower, à La Rocque (Bov. Lap.) ; Ste. Catherine (Bell.). R.R.

GUERNESEY : Un seul échantillon rejeté à Petit Bot Bay (E. Marq.).

FRANCE : Cherbourg, mais surtout Ouest.

B. hamifera Hariot. Hariot Algues de Yokosta p. 223 n° 38, de Toni Syll. Alg. IV p. 768—Holmes n° 204.

Cette algue exotique a été trouvée dans la Manche et à Cherbourg d'après une communication de M. Le Jolis.

RHODOMÉLACÉES.

LAURENCIÉES.

LAURENCIA Lamouroux.

L. obtusa (Huds.) Lamx. Harv. Phyc. brit. n° 137 pl. 148 ; Debr. p. 126 ; Hauck p. 207 ; Kütz. T. ph. XV pl. 54 ; *L. obtusa gracilis* Kütz. id. ; *L. obtusa racemosa* Kütz. id. XV pl. 55.

JERSEY : St. Ouen ; Ste. Catherine (Piq.) ; St. Clément ; Anne-Port ; Mourier Bay ; La Rocque ; Portelet ; St. Aubin (H.V.H.) ; La Motte ; Grotte du Loup (Bov. Lap.).

GUERNESEY : Cobo ; Rocquaine ; Bordeaux ; Fermain (E. Marq.).

FRANCE : Du N. à l'Extr.O.

forma pyramidata J. Ag. *L. pyramidata* Kütz.—Holmes n° 139 ;

FRANCE : De Cherbourg à l'Extr.O.

L. hybrida (Dec.) Lenorm. Debr. p. 126 ; Kütz. T. ph. XV pl. 65B-C pl. a (cylindrica) et D-F. (platycephala)—Le Jol. n° 10 ; *L. caespitosa* Harv. Phyc. br. n° 136 pl. 286—Cr. n° 278.

JERSEY : Côte de Jersey (Mlle. Cattlow).

GUERNESEY : Commun (E. Marq.).

ALDERNEY : Platte Saline (E. Marq.).

FRANCE : Sur toute la côte, mais surtout à l'Extr.O.

L. pinnatifida (Gmel.) Lamx. Harv. Phyc. br. nº 135 pl. 55 ;
Debr. p. 125 ; Hauck p. 208 ; Kütz. T. ph. XV pl. 66—Cr. nº 277 ;
Le Jol. nº 171.

JERSEY : Commun sur toute la côte (H.V.H.).
GUERNESEY : Très commun (E. Marq.).
FRANCE : Sur toute la côte du N. à l'Extr.O.
BELGIQUE : Epave à Blankenberghe et à Ostende.

forma Osmunda (Gmel.) Lamx.

FRANCE : Extr.O.

L. paniculata (Ag.) Kütz. Hauck p. 206 fig. 89 ; Kütz. T. ph.
XV pl. 63.

JERSEY : Un échantillon, malheureusement stérile, qui semble appar-
tenir au *L. paniculata*, a été trouvé dans la baie de St. Clément
(Mlle. Mauge in herb. Piq.).

CHONDRIÉES.

CHONDRIA Harvey.

Ch. tenuissima (Good. et Woodw.) Ag. Hauck p. 212 fig. 91 ;
Debr. p. 126 ; *Laurencia tenuissima* Grev. Harv. Phyc. br. nº 139
pl. 191—Cr. nº 283 ; *Alsidium tenuissimum* Kütz. 15 pl. 34.

JERSEY : Pointe-des-Pas ; St. Aubin (J. Piq.) ; St. Aubin (De Bell.).
GUERNESEY : Belgrave Bay (très abondant) ; Cobo (E. Marq.).
FRANCE : Toute la côte du N. à l'Extr.O.

Ch. dasyphylla (Woodw.) Ag. Hauck p. 210 ; Debr. p. 127—Le
Jol. nº 183 ; *Laurencia dasyphylla* Grev. Harv. Phyc. br. nº 138
pl. 152 ; Kütz. XV pl. 43—Cr. nº 281.

JERSEY : Côte de Jersey (Mlle. Cattlow) ; St. Aubin (de Bell.).
GUERNESEY : Fermain ; Petit Bot ; Vale Coast ; Cobo (E. Marq.).
ALDERNEY : Longy (E. Marq.).
FRANCE : Toute la côte du N. à l'O.

Ch. caerulescens (Cr.) Falk. Debr. p. 127. *Chondriopsis caerulescens* Cr. Fl. Fin. p. 155 genre 150 fig. 5—Cr. nº 282 ; Holmes
nº 77.

FRANCE : N., Extr.O.

M. Chalon signale qu'à l'état frais et en séchant cette algue dégage
une forte odeur de triméthylamine.

POLYSIPHONIÉES.

POLYSIPHONIA Greville.

P. macrocarpa Harv. Debr. p. 128. *P. pulvinata* (Roth.) Spreng.
Harv. Phyc. br. n° 108 pl. 102—Cr. n° 288 ; *P. sertularoides* (Grot.)
J. Ag. fide J. Ag. ; *P. grisea* Kütz. T. ph. XIII pl. 71c-G ; *P. badia*
id. XIII pl. 82A-C.

JERSEY : Noirmont ; St. Clément ; Mourier Bay (H.V.H.).
GUERNESEY : Petit Port ; Spur Point (E. Marq.).
ALDERNEY : Longy Bay ; Braye Bay ; rochers derrière le Fort
Houmet (E. Marq.).
FRANCE : Du N. à l'Extr.O.
BELGIQUE : Canal de Bruges à Ostende (Mac.Leod).

P. fibrata (Dillw.) Harv. Harv. Phyc. br. n° 109 pl. 128 ; Kütz.
T. ph. XIII pl. 100 —Cr. n° 294 ; Le Jol. n° 59.

JERSEY : Grouville (Mlle. Turner in herb. Piq.).
GUERNESEY : Commun (E. Marq.).
ALDERNEY : Braye Bay ; Corbelets (E. Marq.).
FRANCE : Du N. à l'Extr.O.
BELGIQUE : Estacade Ouest à Ostende ; Bancs de moules à Blan-
kenberghe.

P. urceolata (Dillw.) Grev. Harv. Phyc. br. n° 106 pl. 167 ; Debr.
p. 129 ; Hauck p. 221 ; Kütz. XIII pl. 92 etc.—Cr. n° 290 ; Le Jol.
n° 15.

JERSEY : Corbière ; La Saline ; Mourier Bay (H.V.H.) sur le stype
de *Laminaria digitata* (in herb. Piq.).
GUERNESEY : Petit Bot (E. Marq.).
ALDERNEY : Longy.
FRANCE : Du N. à l'Extr.O.
BELGIQUE : Ostende (in herb. Jard. Bot. Bruxelles).

forma comosa J. Ag. Debr. p. 129 ; *P. stricta* Grev.—Cr. n° 292.
JERSEY : A été indiquée par Mlle. White.
FRANCE : N. à l'Extr.O.

forma patens.
JERSEY : Petit Port ; Anne-Port (H.V.H.).

P. subulata J. Ag. β *Griffithsiana*.

P. Griffithsiana Harv. Phyc. br. n° 112 pl. 228 ; *P. vestita* Kütz.
T. ph. XIV pl. 7 ; *P. impolita* XIV pl. 53 ; *P. multicapsularis* XIV
pl. 54.

JERSEY : Indiquée par Mlle White. R.R.R.
Non signalé en France.
D'après Hauck p. 225 et de Toni Syll. Alg. p. 901 cette algue ne
serait qu'une forme du *P. violacea*.

P. spinulosa Grev. *β major* J. Ag.

P. Carmichaeliana Harv. Phyc. br. n⁰ 116 pl. 319 ; Harv. Phyc. br. 116 pl. 319.

JERSEY : Indiquée par Mlle. White.
FRANCE : Brest.

P. insidiosa Cr. Cr. Fl. Fin. p. 156 fig. 154—Cr. 293.

FRANCE : Cherbourg et Extr.O.
BELGIQUE : Attaché aux pierres à Ostende (Kx.).

P. elongella Harv. Harv. Phyc. brit. n⁰ 113 pl. 146 ; Kütz. T. ph. XIV pl. 7.

JERSEY : St. Clément (Mlle. White in herb. Piq.).
FRANCE : Cherbourg et Extr.O.

P. elongata (Huds.) Grev. Harv. Phyc. br. n⁰ 114 pl. 292 et 293 ; Debr. p. 129 ; Hauck p. 227 ; Kütz. T. Phyc. XIV pl. 4 et autres pl. nombr.—Cr n⁰ 301 ; Le Jol. n⁰ 233.

JERSEY : Pointe-des-Pas (J. Piq.) ; St. Brelade ; St. Aubin ; Portelet ; St. Clément ; La Rocque ; Grouville ; Grève-au-Lançon, etc. (H.V.H.).
FRANCE : Du N. à l'Extr.O.

P. violacea (Roth.) Grev. inclus *P. Grevillei* Harv. Man. Harv. Phyc. br. n⁰ 115 pl. 209 ; Hauck p. 225 ; Kütz. T. ph. XIII pl. 97 et 98—Cr. n⁰ 297 ; *P. subulata* Cr. n⁰ 288 fide J. Ag.

JERSEY : St. Brelade ; Portelet ; Elizabeth Castle ; La Rocque ; Bouley Bay ; La Pulente ; Petit Port ; Corbière (H.V.H.) ; Côte de Jersey (herb. Piq.) ; St. Aubin (de Bell.).
GUERNESEY : Assez commun (E. Marq.).
FRANCE : Indiqué à Cherbourg et à Extr.O.
BELGIQUE : Epave à Nieuport et à Ostende.

P. fibrillosa (Dillw.) Grev. Harv. Phyc. br. n⁰ 117 pl. 302 ; Debr. p. 129—Cr. n⁰ 296 ; *P. lasiotrichia* Kütz. T. ph. XIII pl. 72.

JERSEY : Grouville (Piq.)
GUERNESEY : Batters.
FRANCE : Sur toute la côte du Nord à l'Extr.O.

P. variegata (Ag) Zan. Harv. Phyc. br. n⁰ 119 pl. 155 ; Hauck p. 236 ; Kütz. T. ph. XIII pl. 81—Cr. n⁰ 300.

JERSEY : Corbière (H.V.H.) ; M. Prentice in herb. Piq.
FRANCE : Cherbourg à l'Extr.O.

P. foetidissima Cockx. Cockx. Brit. Sea Weeds fasc. III 1855
n° 29 (selon De Toni) ; Alg. de l'Ouest de la France fasc. III n° 29
(selon Hauck) ; *P. stuposa* Zan. Kütz. T. ph. XIV pl. 49 fig. D-G ;
Hauck p. 240.

FRANCE : St. Vaast, Extr.O.

P. furcellata (Ag.) Harv. Harv. Phyc. br. n° 126 pl. 7 ; Hauck
p. 239 ; Kütz. T. ph. XIII pl. 79—Cr. n° 306.

JERSEY ; La Saline ; La Houle (H.V.H.) ; St. Aubin (J. Piq.) ;
Grouville (Mlle. Turner in herb. Piq.).

P. fastigiata (Roth.) Grev. Harv. Phyc. brit. n° 127 pl. 299 ;
Debr. p. 130 ; Hauck p. 245 ; Kütz. T. ph. XIII pl. 44—Cr. n° 307 ;
Le Jol. n° 79.
JERSEY : Sur l'*Ascophyllum nodosum.* C.C.C.
GUERNESEY : Idem (E. Marq.).
ALDERNEY : Longy ; Platte Saline (E. Marq.).
FRANCE : Toute la côte.
BELGIQUE : Ostende et Nieuport.

P. simulans Harv. Harv. Phyc. brit. n° 121 pl. 278—Cr. n° 304 ;
Holmes n° 72.

GUERNESEY : Fermain ; Moulin Huet ; Spur Point (E. Marq.).
ALDERNEY : Clanque (E. Marq.).
FRANCE : Cherbourg, Extr.O.

P. opaca (Ag.) Zan. Hauck p. 246 fig. 95 ; Kütz. T. ph. XIII
pl. 47.
GUERNESEY : Petit Port, dans le sable à mi-marée. R.R.R.
Seule localité anglaise connue (E. Marq.).
FRANCE : Extr.O.

P. atrorubescens (Dillw.) Grev. Harv. Phyc. br. n° 125 pl. 172 ;
Debr. p. 301 ; Hauck p. 243 ; Kütz. T. ph. XIII pl. 82—Cr. n° 308 ;
Le Jol. n° 35 ; *P. nigra* (Huds.) Batt.
JERSEY : Noirmont Tower ; Elizabeth Castle ; St. Catherine ; Grève-
au-Lançon (H.V.H.) ; Grouville (Mlle. Turner in herb. Piq.).
GUERNESEY : Petit Port ; Vazon (E. Marq.).
ALDERNEY : Braye Bay.
FRANCE : Du N. à l'Extr.O.
BELGIQUE : Epave à Nieuport.

s. var. Agardhiana. *P. Agardhiana* Grev.—*P. Deschampii* Cr.
n° 309.
JERSEY : Elizabeth Castle (H.V.H.).
FRANCE : Cherbourg, Finisterre.

P. obscura (Ag.) J. Ag. Harv. Phyc. br. n° 120 pl. 102A ; Hauck p. 244 ; Kütz. T. phyc. XIII pl. 40 ; *P. ascendens* Cr.—Cr. n° 303.

JERSEY : Grouville (Mlle. Turner in herb. Piq.).
GUERNESEY : Vazon Bay, dans les crevasses des roches à niveau de basse mer (E. Marq.).
FRANCE : Du N. à l'Extr.O.

P. nigrescens (Dillw.) Grev. Harv. Phyc. br. n° 122 pl. 277 ; Debr. p. 130 ; Hauck p. 43 ; Kütz. T. ph. XIII pl. 56—Cr. n° 310 ; Le Jol. n° 218.

JERSEY : St. Brelade ; Portelet ; Noirmont Tower ; St. Aubin ; Ste. Catherine ; La Rocque ; St. Clément ; Rozel ; Mourier Bay H.V.H.) ; Côtes de Jersey (Piq.).
GUERNESEY : Cobo ; Petit Bot ; Fermain (E. Marq.).
FRANCE : Toute la côte du Nord à l'Extr.O.
BELGIQUE : Ostende, pierres des brise-lames et huîtrières ; Nieuport, sur Buccins ; épave sur tout le littoral.

var. delicatissima H.V.H. : forme grêle, filiforme.

JERSEY : Portelet (H.V.H.).

var. affinis (Moore). Harv. Phyc. br. n° 123 pl. 305.

ILES ANGLO-NORMANDES Batt. A.R.

P. Brodiaei (Dillw.) Grev. Harv. Phyc. br. n° 118 pl. 195 ; Hauck p. 237 ; Kütz. T. ph. XIV pl. 1.

JERSEY : St. Brelade (roches vers Portelet) ; Portelet ; Noirmont Point ; Elizabeth Castle ; Anne-Port ; Bouley Bay ; Crabbé ; Le Gîte ; Mourier Bay ; Grève-au-Lançon ; La Rocco Tower ; La Saline (H.V.H.).
GUERNESEY : Petit Bot ; Cobo ; Fermain (E. Marq.).
ALDERNEY : Longy (E. Marq.).
FRANCE : De Cherbourg à l'Extr.O.

var. angustissima H.V.H. : forme très étroite.

JERSEY : Crabbé (H.V.H.).

P. subulifera (Ag.) Harv. Harv. Phyc. br. n° 124 pl. 227 ; Kütz. T. ph. XIV pl. 27—Cr. n° 311.

JERSEY : Grève d'Azette (M. Prentice in herb. Piq.). R.R.
GUERNESEY : Batters.
FRANCE : Extr.O.

P. fruticulosa (Wulf.) Spreng.—Cr. n° 312 ; Le Jol. n° 36 ; Kütz.
T. ph. XIV pl. 28 A-D et E-G ; *Rytiphloea fruticulosa* Harv. n° 105
pl. 220.

JERSEY : St. Brelade ; Portelet ; Noirmont ; Ste. Catherine ; Seymour Tower ; St. Ouen ; La Rocque ; Mourier Bay ; l'Etac
(H.V.H.) ; Côtes de Jersey (Piq.).

var. tenuissima H.V.H. : forme très grêle et très délicate.

JERSEY : Portelet (H.V.H.).

PTEROSIPHONIA Falkenberg.

Pt. thuyoides (Harv.) Schm. *Polysiphonia thuyoides* Harv. in
Mack. Flora Hibern. ; Kütz. T. ph. XIV pl. 33—Le Jol. n° 118 ;
Rytiphlaea thuyoides Harv. Phyc. n° 104 pl. 221—Cr. n° 313.

JERSEY : Noirmont (Piq.).
GUERNESEY : Moulin Huet ; Fermain ; Petit Port ; Vazon (E. Marq.).
FRANCE : Cherbourg, O., Extr.O.
BELGIQUE : Nieuport (Kx. Willd.).

Pt. pennata (Roth) Schm. Falkenb. Rhodom. (1901) p. 263 pl 2.
fig. 1-2 ; Debr. p. 131 ; *Polysiphonia pennata* (Roth.) J. Ag. ; Hauck
p. 238 ; Kütz. T. ph. XIII pl. 23 (incl. *P. pinnulata* XIII pl. 23—
Cr. n° 314.

FRANCE : N. O., Extr.O. Non indiqué à Cherbourg.

LOPHOTHALIÉES.

BROGNIARTELLA Bory.

B. byssoides (Good. et Woodw.) Bory. Debr. p. 131 ; *Polysiphonia byssoides* Grev. Harv. Phyc. br. n° 129 pl. 284 ; Hauck p. 238
—Cr. n° 316 ; *Polysiphonia dasyaeformis* Zan. et *P. Dilwynii* Kütz. T.
ph. XIV pl. 23 et 24 et 25 ; *Hutchinsia byssoides* Ag. Chauvin n° 9.

JERSEY : Commun—Ste. Catherine (H.V.H.) ; Côte de Jersey (Piq.).
GUERNESEY : Sur toute la côte.
FRANCE : Sur toute la côte du N. à l'Extr.O.

BOSTRYCHIA Montagne.

B. scorpioïdes (Gmel.) Mont. Harv. Phyc. br. n° 101 pl. 48 ;
Debr. p. 132 : Kütz. T. ph. XV pl. 18—Cr. n° 322 ; Le Jol. n° 122
(avec stichidies).

JERSEY : Indiqué par M. Batters.
FRANCE : Du N. à l'Extr.O.
BELGIQUE : Epave à Nieuport (De Wild.).

RHODOMÉLÉES.

RHODOMELA Agardh.

R. subfusca (Woodw.) Ag. Harv. Phyc. br. n° 100 pl. 264 ; Hauck p. 217 fig. 94 : Debr. p. 132—Cr. n° 318 ; Le Jol. n° 177 ; *Lophura cymosa* Kütz. ; *L. gracilis* Kütz. T. Ph. XV, pl. 36.

JERSEY : Sur les roches et les coquilles—Corbière ; St. Brelade ; Portelet ; La Rocque ; Grouville ; Ste. Cathérine ; Crabbé ; Noirmont ; l'Etac ; Petit Port (H.V.H.) ; Noirmont (Piq.).

GUERNESEY : Bordeaux ; Grandes Rocques (E. Marq.).

FRANCE : Toute la côte du N. à l'Extr.O.

Obs. : Cette algue est très voisine de la suivante à laquelle elle semble se relier par des intermédiaires. Harvey (texte de la pl. 150) dit qu'elle en est cependant distincte.

R. lycopodioides (L.) Ag. Harv. Phyc. br. n° 99 pl. 50 ; Hauck p. 217 ; *Lophura lycopodioides* Kütz. T. ph. XV pl. 38.

JERSEY : Mlle. White.

GUERNESEY : M° Gaudion.

AMANSIÉES.

HALOPITHYS Kützing.

H. pinastroides. Debr. p. 133 ; Kütz. T. ph. XV pl. 27 ; *Rytiphlaea pinastroides* (Gmel.) Ag. Harv. Phyc. br. n° 102 pl. 85 ; Hauck p. 248—Cr. n° 319 ; Le Jol. n° 99 ; *Lophura episcopalis* Kütz. XV pl. 40.

JERSEY : Assez commun—St. Brelade ; Portelet ; Corbière et surtout St. Ouen près La Rocco Tower (H.V.H.) ; Pointe-des-Pas (Piq.).

GUERNESEY : Indiqué par Gréville et par Mlle. Lelièvre.

FRANCE : Du N. à l'Extr.O.

DASYÉES.

HETEROSIPHONIA Montagne.

H. coccinea (Huds.) Schm. Debr. p. 133 ; *Dasya coccinea* (Huds.) Ag. Harv. Phyc. br. n° 130 pl. 252 ; Hauck p. 257—Cr. n° 287 ; Le Jol. n° 184 ; *Trichothamnium hirsutum et gracile* T. ph. XIV pl. 90.

JERSEY : Se trouve souvent en épave dans toutes les baies de l'île (H.V.H.).

GUERNESEY : Assez commun (E. Marq.).

FRANCE : Cherbourg, Ouest.

BELGIQUE : Ostende et Nieuport, en épave.

DASYA Agardh.

D. corymbifera J. Ag. *D. venusta* Harv. Phyc. br. n° 133 pl. 225 ; Hauck p. 253—Holmes n° 61 ; *Dasya arbuscula var. mucilaginosum* —Cr. n° 286 ; *Euponium villosum* Kütz. T. ph. XIV, 84.

JERSEY : St. Aubin (Piq.) R.R.R. id. Juin 1903 (Bell.).
GUERNESEY : Liste de Mlle. Lelièvre.
ALDERNEY : Indiqué par M. Gaudion.
FRANCE : Brest (Cr.).

D. arbuscula (Dillw). Ag. Harv. Phyc. br. n° 132 pl. 224 ; Hauck p. 252 ; Kütz. T. ph. XVI pl. 83—Cr. n° 285.

JERSEY : St. Aubin (Piq.). R.R.R.
GUERNESEY : Liste de Mlle. Lelièvre.
SARK : Idem.
FRANCE : Cherbourg, O., Extr.O.

D. punicea Menegh. (incl. *D. Cattloviæ* Harv. fide Batters). Hauck p. 255 ; Kütz. T. ph. XIV pl. 61.

Nous insérons cette espèce à cause du *D. Cattloviæ* que M. Batters y réunit.

L'échantillon unique, trouvé par Mlle. Cattlow près de Elizabeth Castle, se trouve dans son herbier avec la lettre de Harvey et l'épreuve de la note que Madame Gatty y consacre à la fin de son ouvrage. Nous n'avons pas voulu toucher à cet échantillon unique et assez mal étalé qu'on ne pourrait étudier soigneusement sans l'endommager.

CÉRAMIACÉES.

SPERMOTHAMNIÉES.

SPHONDYLOTHAMNIUM Nägeli.

S. multifidum (Huds.) Näg. Hauck p. 49 fig. 14 ; Debr. p. 134 ; *Wrangelia multifida* Huds. J. Ag. Harv. Phyc. br. n° 247 pl. 27— Cr. n° 266 ; Le Jol. n° 120 ; *Callithamnion multifidum* Kütz. T. ph. XI pl. 91.

JERSEY : Le Fret Point ; St. Clément (Piq.) ; La Rocque ; La Motte (Bov. Lap.) Gorey ; Havre.Giffard ; Noirmont Tower.
GUERNESEY : Çà et là le long de la côte (E. Marq.).
ALDERNEY : Longy (E. Marq.).
FRANCE : Toute la côte, du N. à l'Extr.O.

SPERMOTHAMNION Areschoug.

S. Turneri (Mert.) Aresch. Hauck p. 42 fig. 11D ; Debr. p. 135 ; *Callithamnion Turneri* (Mert.) Aresch. Harv. Phyc. br. n° 252

pl. 179 ; Kütz. T. ph. XI pl. 80 (id. pl. 79 et 81 sous noms divers—
Cr. n° 124.

JERSEY : Grouville (Mlle. Turner in herb. Piq.).
GUERNESEY : Rocquaine ; Bordeaux ; Fermain ; Grandes Rocques
(E. Marq.).
ALDERNEY : Corbelets.
FRANCE : Du N. à l'Extr.O.

var. repens (Dillw.) Le Jol. = var. variable J. Ag.—Cr. n° 125.

FRANCE : Nord, Cherbourg, Extr.O.
BELGIQUE : Epave et sur *Furcellaria* à Ostende.

S. intricatum (Ag.) Born. Debr. p. 135 ; *Callithamnion intricatum* J. Ag. Epic. p. 11 ; Kütz. T. Phyc. II pl. 62 ; *Tralliela intricata* Batt.

ALDERNEY : Longy Bay.
FRANCE : Indiqué au N. et à l'Extr.O.

PTILOTHAMNION Thuret.

P. pluma (Dillw.) Thur. *Callithamnion pluma* (Dillw.) Ag. Kütz.
T. ph. XI pl. 82 ; Harv. Phyc. br. n° 254 p. 296 ; Hauck p. 76 fig. 27
—Cr. n° 126.

JERSEY : St. Brelade ; La Pulente ; l'Etac ; St. Aubin (H.V.H.)
sur stipe de *Laminaria*.
GUERNESEY : Petit Bot (E. Marq.) sur *Laminaria*.
ALDERNEY : Corbelets (E. Marq.).
FRANCE : Cherbourg à l'Extr.O.
BELGIQUE : Epave à Ostende.

GRIFFITHSIA Agardh.

G. corallina (Leight.) Ag. Harv. Phyc. br. n° 244 pl. 214 ; Debr.
p. 137 ; Kütz. T. ph. XII pl. 20 A-F—Cr. n° 157 ; Le Jol. n° 71 ; *G.
corallinoides* (L.) Batt.

JERSEY : Corbière ; St. Brelade ; St. Aubin ; Elizabeth Castle ;
St. John ; Bouley Bay ; Crabbé (H.V.H.) ; Pointe-des-Pas
(Piq.) ; La Rocque (Bov. Lap.), très fréquent comme épave.
GUERNESEY : Assez commun (E. Marq.).
ALDERNEY : Longy (E. Marq.).
SARK : (E. Marq.).
FRANCE : Toute la côte du N. à l'Extr.O.
BELGIQUE : Epave à Nieuport.

G. setacea (Ellis) Ag. Harv. Phyc. br. n° 246 pl. 184 ; Hauck

p. 93 fig. 33 B ; Debr. p. 136 ; Kütz. T. ph. XII pl. 20 G-1—Cr. n° 159 ;
Le Jol. n° 53 ; *G. sphaerica* Schousb. Kütz. T. Phyc. XII pl. 26 ;
G. flosculosa (Ell.) Batt.

JERSEY : St. Brelade ; Portelet ; St. Aubin ; Ste. Catherine ; La
  Rocque ; Crabbé ; Havre Giffard ; Mourier Bay ; La Houle ;
  l'Etac (H.V.H.) ; St. Aubin (Piq.). Fréquent et abondant
  comme épave.
GUERNESEY : Commun (E. Marq.).
ALDERNEY : Clanque ; Longy (E. Marq.).
FRANCE : Du N. à l'Extr.O.
BELGIQUE : Sur les côtes.

G. devoniensis Harv. Harv. Phyc. br. n° 243 pl. 16 ; Johnston
et Croall. II, p. 133 F 1, 3 ; Kütz. T. ph. XII pl. 26 fig. F-I.

JERSEY : Indiqué par M. Batters.
ALDERNEY : Corbelets (E. Marq.). R.R.R.
FRANCE : Indiqué à Cherbourg et à l'Extr.O.

G. barbata (Engl. Bot.) Ag. Harv. Phyc. br. n° 242 pl. 281 ;
Hauck p. 89 fig. 32 A ; Kütz. T. Phyc. XII pl. 24—Cr. n° 158 ;
Holmes n° 84.

JERSEY : St. Aubin ; St. Clément (Piq.) R.R. ; St. Aubin (1903,
  Bell.).
FRANCE : Du N. à l'Extr.O.

HALURUS Kützing.

H. equisetifolius (Lightf.) Kütz. Debr. p. 157 ; Kütz. T. Ph. XII
pl. 34 fig. E-I—Cr. n° 161 ; Le Jol. n° 54 ; *Griffithsia equisetifolia* Ag.
Harv. p. 240 pl. 67.

JERSEY : St. Brelade ; Portelet ; St. Aubin ; St. Ouen ; St. John ;
  La Houle ; Mourier Bay ; Petit Port ; Corbière, fréquent
  (H.V.H.).
GUERNESEY : Cobo ; Bordeaux ; l'Ancresse Bay, fréquent sur la
  côte Sud (E. Marq.).
ALDERNEY : Corbelets, Fort Houmet (E. Marq.).
FRANCE : Du N. à l'Extr.O. sur toute la côte.

var. simplicifilum Kütz.

Ramules des verticilles bifurqués, dressés non recourbés ; Kütz. T.
Phyc. XII pl. 34 fig. A-D ; *Griffithsia simplicifilum* Ag. Harv. Phyc.
br. n° 241 pl. 287.

JERSEY : St. Brelade ; St. Ouen (H.V.H.). R.
FRANCE : Extr.O. R.

BORNETIA Thuret.

B. secundiflora (J. Ag.) Thur. Hauck p. 49 fig. 13—Le Jol.
n° 221 ; *Griffithsia secundiflora* J. Ag. Harv. Phyc. br. n° 245 pl. 185 ;
Kütz. T. ph. XII pl. 22 et *G. cymiflora* Kütz. même pl.—Cr. n° 160.

JERSEY : Elizabeth Castle ; La Rocco Tower (H.V.H.) ; Grève
d'Azette ; Noirmont ; Portelet (J. Piq.).
GUERNESEY : Cobo ; Bordeaux ; l'Ancresse Bay, fréquent sur la
côte Sud.
FRANCE : Cherbourg, Roscoff, Extr.O.

MONOSPORÉES.

MONOSPORA Solier.

M. pedicellata (Engl. Bot.) Solier. Hauck p. 46 fig. 12 ; Debr.
p. 137—Le Jol. n° 213 ; *Callithamnion pedicellatum* Ag. Harv. Phyc.
br. n° 273 pl. 212 ; Kütz. T. ph. XI pl. 64 ; *Corynespora pedicellata*
J. Ag.—Cr. n° 156.

JERSEY : St. Brelade ; Ste. Catherine ; St. John ; Crabbé (H.V.H.) ;
St. Aubin ; Le Fret Point ; Grouville (Piq).
GUERNESEY : Fréquent sur toute la côte.
FRANCE : Du N. à l'Extr.O.

var. clavata Zanard. Icon. Phyc. Adr. 2 p. 197 pl. 67 A ; Kütz. T.
Phyc. XI pl. 63.

ALDERNEY : Indiqué par M. Batters. R.

PLEONOSPORIUM Nägeli.

P. Borreri Näg. (Engl. Bot.) Näg. Hauck p. 88 fig. 32 ; Debr.
p. 138 ; Kütz. T. ph. XI pl. 71 ; *Callithamnion Borreri* (Engl. Bot.)
Harv. Phyc. br. n° 266 fig. 159 exclue la figure des anthéridies qui
selon Le Jolis appartient à une autre espèce.

GUERNESEY : Petit Port ; Bec-du-Nez ; Petit Bot (E. Marq.).
FRANCE : Du N. à l'Extr.O.

RHODOCHORTON Nägeli.

R. membranaceum Magn. Magnus Bot. Ergebn. Nordseef p. 67
pl. II fig. 7 à 15 : Debr. p. 139 ; Hauck p. 69 ; Holmes n° 148.

JERSEY : St. Brelade ; St. Aubin ; La Pulente, etc., sur *Sertularia
operculata* (H.V.H.).
GUERNESEY : Longy Bay sur sertulaires (E. Marq.).
FRANCE : Nord, sur hydraires et sertulaires.

R. **Rothii** (Engl. Bot.) Näg. Hauck p. 68 fig. 23 ; Debr. p. 139 ;
Callithamnion Rothii (Engl. Bot.) Lyngb. ; Harv. Phyc. br. n° 274
pl. 120 B. ; Le Jol. liste Cherbourg pl. 5 fig. 1-2 ; Kütz. T. ph. XI
pl. 62 fig. A-D—Cr. n° 120 ; Le Jol, n° 48.

JERSEY : St. Brelade ; Portelet ; Bouley Bay ; Ste. Catherine ;
St. John ; Havre Giffard ; Anne-Port (H.V.H.).
GUERNESEY : Commun (E. Marq.).
ALDERNEY : Longy (E. Marq.).
FRANCE : Du N. à l'Extr.O.

R. **floridulum** (Ag.) Näg. Debr. p. 139 ; *Callithamnion floridulum*
Ag. Kütz. T. ph. XI pl. 60 fig. C-D ; Harv. Ph. br. n° 275 pl. 120 A ;
Le J. liste Cherb. pl. VI fig. 1-2 (sub. *Th. amnidium*)—Cr. n° 112 ;
Le J. n° 102.

JERSEY : Creux-Fantôme à St. Brelade ; Roches vers Portelet (Le
Fret) ; La Houle ; Havre Giffard ; Bouley Bay ; Mourier Bay
(H.V.H.).
GUERNESEY : Petit Port ; l'Ancresse Bay (E. Marq.).
ALDERNEY : Clanque.
FRANCE : Toute la côte du N. à l'Extr.O.

CALLITHAMNIÉES.

CALLITHAMNION Lyngbye.

C. **scopulorum** Ag. Kütz. T. Ph. XI pl. 70 fig. F-H ; Hauck p. 79.

FRANCE : O., Extr.O. R.
BELGIQUE : Pilotis du port d'Ostende (Landszweerts).

C. **tenuissimum** (Bonn.) Kütz. Kütz. T. Ph. XI pl. 75 fig. D-E
—Cr. n° 134 ; Holmes n° 54.

JERSEY : Indiqué par M. Batters. R.
FRANCE : Ouest.

C. **byssoideum** Arn. Harv. Phyc. br. n° 263 pl. 262 ; Hauck p. 82 ;
Debr. p. 144 ; *C. byssoides* J. Ag.—Cr. n° 138 ; Holmes n° 153 ; *C. pin-
nato-furcatum* Kütz. T. ph. XII pl. 15.

JERSEY : Grouville (Mlle. Turner in herb. Piq.).
GUERNESEY : Moulin Huet ; Cobo ; Bordeaux (E. Marq.).
ALDERNEY : Platte Saline (E. Marq.).
FRANCE : Toute la côte du N. à l'Extr.O.

C. **corymbosum** (Engl. Bot.) Lyngb. inclus *C. versicolor* Ag.
Harv. Phyc. br. n° 271 pl. 272 part. ; Hauck p. 81 fig. 25 ; Debr.

p. 145—Cr. n° 129 et 141 ; *C. seirospermum var. miniatum* Cr. ;
Phlebothamnion corymbosum Kütz. T. Phyc. XII pl 9 C-D.

JERSEY : Grouville ; St. Aubin (Piq.) ; St. Aubin (H.V.H.) ; Rozel
Bov. Lap.).
GUERNESEY : Commun (E. Marq.).
ALDERNEY : Corbelets ; Braye (E. Marq.).
FRANCE : Toute la côte du N. à l'Extr.O.

C. granulatum (Ducl.) Ag. Hauck p. 87 ; Debr. p. 145—Cr.
n° 155 ; Le Jol. n° 62 ; *Phlebothamnion granulatum* Kütz. T. ph.
XII pl. 11 C-E ; *P. spongiosum* Harv. Phyc. br. n° 272 pl. 125 ; *C.
spongiosum* Harv. Phyc. br. n° 272 pl. 125.

JERSEY : St. Aubin ; Rozel (Herb. Piq.).
GUERNESEY : Fermain ; Petit Bot ; Moulin Huet (E. Marq.).
ALDERNEY : Platte Saline (E. Marq).
FRANCE : Du N. à l'Extr.O. et surtout là.
BELGIQUE : Ostende, en épave.

C. Dudresnayi Cr.—Cr. n° 151 ; Holmes n° 229 ; *C. affinc* Harv.
n° 267 pl. 331 selon Crouan. in Fl. Fin. p. 137.

JERSEY : Gorey (en Août, Bell.).
FRANCE : N. à l'Extr.O. Non indiqué à Cherbourg.

C. Gailloni Cr. Cr. Fl. du Fin. p. 137—Cr. n° 150 ; *Phlebothamnion Gailloni* Kütz. T. ph. XI pl. 98.

FRANCE : Extr.O.

C. roseum (Roth.) Harv. Harv. Phyc. br. n° 261 pl. 230 ; Debr.
p. 144—Cr. n° 135 ; *Phlebothamnion roseum* Kütz. T. ph. XI pl. 97 A-C.

GUERNESEY : Liste de Mlle. Lelièvre.
FRANCE : Du N. à l'Extr.O.

C. polyspermum Ag. Harv. Phyc. br. n° 263 pl. 231 ; Hauck
p. 80 fig. 29 ; Debr. p. 143—Cr. n° 147 ; *C. scopulorum* Cr. n° 146
non Ag.

JERSEY : Anne-Port ; St. Brelade ; Mourier Bay (H.V.H.).
GUERNESEY : Commun.
FRANCE : Du N. à l'Extr.O.
BELGIQUE : Pilotis du port d'Ostende (Kx.).

C. tetragonum (With.) Ag. Harv. Phyc. br. n° 257 pl. 136 ; Debr.
p. 141 ; Hauck p. 82 fig. 30 ; Kütz. T. ph. XIII pl. III A-B—Cr.
n° 152.

GUERNESEY : Fréquent sur la côte Sud (E. Marq.).
ALDERNEY : Platte Saline (E. Marq.).
FRANCE : Du N. à l'Extr.O.—Très fréquent ?
BELGIQUE : Epave à Ostende.

var. brachiatum Harv. Hauck p. 83 ; *Callithamnion brachiatum*
(Bonn.) Harv. Phyc. br. n° 258 pl. 153 ; Debr. p. 142—Cr. n° 153 ;
Kütz. T. ph. XII pl. 3 fig. C-D.

JERSEY : Pointe-des-Pas (Herb. Piq.) ; La Motte (Bov. Lap.).
GUERNESEY : Platte Saline (E. Marq.).
FRANCE : Du N. à l'Extr.O. Mais stations indiquées peu nom-
breuses.

C. fruticulosum J. Ag.—Holmes n° 53 ; *Phlebothamnion fruticulosum* Kütz. T. Ph. XI pl. 95 partun.

JERSEY : Mourier Bay, sur *Chondrus crispus* (1904, H.V.H). R.R.R.
FRANCE : O. et Extr.O.

C. Hookeri (Dillw.) Harv. Harv. Phyc. br. n° 260 pl. 279 ; Debr.
p. 144—Cr. n° 149 ; *Phlebothamnion Hookeri* Kütz. T. ph. XI pl. 94 A-B.

JERSEY : Pointe-des-Pas (herb. Piq.)
GUERNESEY : Belgrave ; Grandes Rocques ; Bordeaux ; l'Ancresse
Bay (E. Marq).
ALDERNEY : Longy ; Braye.
FRANCE : Du N. à l'Extr.O.

SEIROSPORA Harvey.

S. Griffithsiana Harv. Harv. Phyc. br. n° 248 pl. 21 ; *Callithamnion seirospermum* Griff. Hauck p. 85 fig. 26 ; Kütz. T. Phyc.
XII pl. 17—Cr. n° 140.

JERSEY : St. Aubin (J. Piq.).

COMPSOTHAMNIÉES.

COMPSOTHAMNION Schmitz.

C. gracillimum (Harv.) Näg. Debr. p. 146 ; Hauck p. 77 fig. 28 ;
Kütz. T. ph. XI pl. 73—Holmes n° 157 ; *Callithamnion gracillimum*
Harv.—Cr. n° 142.

FRANCE : Du N. à l'Extr.O.

C. thuyoides (Ag.) Schm. *Callithamnion thuyoides* (Engl. Bot.)
Ag. Harv. Phyc br. n° 270 pl. 269 ; Hauck p. 78 ; Kütz. T. ph. XI
pl. 74—Cr. n° 143.

GUERNESEY : Fermain Point (E. Marq.).
FRANCE : O. et Extr.O.

PLUMARIA Stackhouse.

Pl. elegans (Bonn.) Schm. Debr. p. 146 ; Hauck p. 95 fig. 34 A ;

Ptilota sericea Harv. n° 224 pl. 191 ; *Pt. elegans* Bonn. Kütz. T. ph. XII pl. 56 ; Le Jol. n° 17—Cr. n° 162.

JERSEY : Elizabeth Castle ; Ste. Catherine ; La Palue ; Grève-au-Lançon ; Bouley Bay ; St. John ; Anne Port (H.V.H.) ; Le Fret (J. Piq.) ; Grouville (Mlle. Turner in herb. Piq.).

GUERNESEY : Assez commun, croit sur les surfaces verticales des roches (E. Marq.).

ALDERNEY : Platte Saline (E. Marq.).

FRANCE : Du N. à l'Extr.O.

BELGIQUE : Epave à Nieuport, à Heyst, à Blankenberghe.

ANTITHAMNION Nägeli.

A. cruciatum Ag. Näg. Debr. p. 147 ; *Callithamnion cruciatum* Ag. Harv. Phyc. br. n° 250 pl. 164 ; Hauck p. 71 fig. 24 B. ; Kütz. T. Phyc. XI pl. 87 fig. A-D—Cr. n° 127 ; Holmes n° 251.

JERSEY : St. Aubin (Piq.).

FRANCE : Du N. à l'Extr.O.

A. Plumula (Lyngb.) Thur. Debr. n° 147 ; *Callithamnion Plumula* (Lyngb.) Thur. Harv. Phyc. br. n° 249 pl. 242—Cr. n° 129 ; *C. refractum* Kütz. T. Phyc. XI pl. 84 A-C ; *C. polyacanthum* Kütz. T. ph. XI pl. 83 D-E.

JERSEY : St. Aubin (J. Piq.) ; La Rocque (Bov. Lap.).

GUERNESEY : Vazon Bay, un seul échantillon en épave (E. Marq.).

SARK : (E. Marq.).

FRANCE : Du N. à l'Extr.O.

BELGIQUE : Epave à Nieuport.

var. β *crispum* J. Ag. *Antithamnion crispum* Thur.—Cr. n° 130.

JERSEY : Gorey (de Bell.).

FRANCE : Cherbourg, O. A.R.

A. floccosum (Muell.) Kleen ; *Callithamnion floccosum* J. Ag. Harv. Phyc br. n° 251 pl. 81 ; Kütz. T. Ph. XI pl. 79.

JERSEY : Abondante sur la côte, d'après G. D. (?) in herb. Piq., mais nous n'avons rencontré cette forme dans aucune de nos récoltes.

CROUANIA J. Ag.

C. attenuata (Bonn.) J. Ag. Harv. Phyc. br. n° 222 pl. 106 ; Hauck p. 98 f. 35—Cr. n° 163 ; Le Jol. n° 147 ; Holmes n° 179 ; *Callithamnion Batrachospermum* Kütz. T. Ph. XI p. 89 ; *C. condensatum* idem ; *C. nodulosum* Kütz. T. Ph. X1 pl. 90.

JERSEY : Non signalé.

GUERNESEY : Commun et abondant en certaines places (E. Marq.)

ALDERNEY : Fort Houmet ; Longy (E. Marq.).

FRANCE : Cherbourg, Extr.O. R.R.

SPYRIDIA Harvey.

S. filamentosa (Wulf.) Harv. Harv. Phyc. br. n° 239 pl. 46 ;
Hauck p. 115 fig. 40 et 41 ; Debr. p. 148—Cr. n° 207 ; Le Jol. n° 60 ;
Holmes n° 222 (*forma nudiuscula* Kütz.) ; Kütz. T. ph. XII pl. 42 ;
de même que, en partie, pl. 43, 44, 46-47-48 et 49 sous divers noms.

JERSEY : St. Aubin (Piq.) ; Grouville (M. Prentice in herb. Piq.) ;
Gorey (Bell.), fréquent en Juillet et Août.
FRANCE : Du N. à l'Extr.O.

forma Griffithsiana J. Ag. *Spyridia cuspidata* Kütz. T. Ph. XII
pl. 48.

JERSEY : Havre Giffard (H.V.H., 1904). R.R.R.

CÉRAMIÉES.

CERAMIUM.

C. rubrum (Huds). Ag Harv. Phyc. br. n° 226 pl. 181 ; Hauck
p. 108 fig. 38 A ; Debr. p. 150 ; Kütz. T. Ph. XIII pl. 4 de même que
pl. 13, 16, 84 sous divers noms—Cr. n° 174-175.

JERSEY : Corbière ; St. Brelade ; St. Aubin ; St. Clément ; Le Gîte ;
Crabbé ; St. Ouen, en somme dans toutes les baies (H.V.H.).
GUERNESEY : Très commun (E. Marq.).
ALDERNEY : Clanque ; Corbelets ; Longy ; Braye (E. Marq.).
FRANCE : Du N. à l'Extr.O.
BELGIQUE : Epave entre Ostende et Nieuport (De W.).

var. decurrens Harv. Hauck p. 109 ; *C. decurrens* Harv. Phyc.
br. n° 228 pl. 276 ; Debr. p. 150—Le Jol. n° 83 ; *C. rubrum var.
diaphanum* Cr. n° 172 ; *Hormoceras perversum* Kütz. T. ph. XII
pl. 73.

FRANCE : Du N. à l Extr.O.

var. prolifera J. Ag. *C. botryocarpum* Griff. Harv. Phyc. br. 227
pl. 215—Holmes n° 207 ; *C. lanciferum* Kütz. XIII pl. 8 A-D.

JERSEY : St. Aubin ; Portelet ; St. Brelade ; Le Fret (H.V.H.).
GUERNESEY : Fermain ; Saints Bay ; Cobo ; Bordeaux (E. Marq.).
FRANCE : Du N. à l'Extr.O.

var. virgata J. Ag.

JERSEY : Ste. Catherine.
FRANCE : Cherbourg.

var. corymbifera J. Ag.

JERSEY : Le Fret ; St. Brelade ; Portelet (H.V.H.).
FRANCE : De Cherbourg à l'Extr.O.

var. pedicellata J. Ag.

JERSEY : St. Brelade vers Portelet ; St. Aubin (H.V.H.).
FRANCE : Cherbourg.

C. flabelligerum J. Ag. Harv. Phyc. br. n° 235 pl. 144 ; Debr.
p. 152 ; Kütz. T. Ph. XIII pl. 14 fig. F-I—Cr. n° 179 ; Le Jol. n° 64.
JERSEY : Liste de Mlle. White.
GUERNESEY : Liste de Mlle. Lelièvre.
ALDERNEY : Fort Houmet (E. Marq.).
SARK (E. Marq.).
FRANCE : Du N. à l'Extr.O.
BELGIQUE : Sur pilotis et pierres à Ostende et à Nieuport.

C. diaphanum (Light.) Roth. Harv. Phyc. br. n° 230 pl. 193 ;
Debr. p. 150 ; Hauck p. 107—*C. circinatum* Cr. n° 172 (syn. excl.) ;
Hormoceras cateniforme Kütz. T. ph. XII pl. 71 et *H. siliquosum*
Kütz. T. Ph. XII pl. 76.
GUERNESEY : Cobo ; Bordeaux ; Grandes Rocques (E. Marq.).
ALDERNEY : Clanque (E. Marq.).
FRANCE : Du N. à l'Extr.O.
BELGIQUE : Sur *Fucus vesiculosus* à Blankenberghe ; Epave à Nieu-
port.

C. strictum (Kütz.) Harv. Harv. Phyc. br. n° 232 pl. 334 ;
Hauck p. 106 fig. 38 B-C—Cr. n° 170 ; *Hormoceras polyceras* Kütz.
T. Ph. XII pl. 66, de même 67, 68, 69, 100 et XIII pl. 1 sous divers
noms.
JERSEY : St. Aubin ; Pointe-des-Pas (Piq.) ; St. Brelade ; Grouville ;
St. Clément (H.V.H.) ; Gorey (Bell.).
GUERNESEY : Grandes Rocques, sur *Zostera* (E. Marq.).
ALDERNEY : Platte Saline (E. Marq.).
FRANCE : De Cherbourg à l'Extr.O.

C. fastigiatum Harv. Harv. Ph. br. n° 234 pl. 255—Cr. n° 167 ;
Gongroceras fastigiatum Kütz. T. Ph. XIII pl. 79 A-C.
JERSEY : Pointe-des-Pas (M. Prentice, 1863, in herb. Piq.).
FRANCE : Extr.O.

C. Deslongchampsii Chauv. Harv. Phyc. br. n° 229 pl. 219 ;
Hauck p. 105 ; Debr. p. 151—Cr. n° 169 ; *Gongroceras Delong-
champsii* Kütz. T. ph. XII pl. 77 A-D ; *Gongroceras Agardhianum*
Kütz. T. Ph. XII pl. 77 E-F.
JERSEY : St. Brelade ; Crabbé (H.V.H.) ; Gorey (Bell.). R.R.
GUERNESEY : Bordeaux (E. Marq.).
FRANCE : Du N. à l'Extr.O.
BELGIQUE : Epave à Nieuport (Kx.) ; Ostende, sur les pilotis (De W.).

C. tenuissimum (Lyngb.) J. Ag. Hauck p. 104—Cr. n° 168 ; *C. nodosum* Harv. Phyc. br. n° 233 pl. 90 ; Debr. p. 151 ; *Gongroceras nodifera* Kütz. T. Ph. XII pl. 79 fig. D-C.

GUERNESEY : Rocquaine Bay ; Cobo (E. Marq.).
ALDERNEY : Longy Bay (E. Marq.).
FRANCE : Du N. à l'Extr.O.

var. arachnoideum Ag. *Gongroceras tenuissimum* Kütz. T. Ph. XII pl. 82 fig. A-C.

JERSEY : Batters. R.

C. gracillimum Harv. Harv. Phyc. br. n° 231 pl. 206—Cr. n° 166 ; *Hormoceras flaccidum* Kütz. T. Ph. XII pl. 69 fig. A-D.

JERSEY : Egypte (Trinité) (H.V.H.). R.R.
FRANCE : Toute la côte du N. à l'Extr.O.

C. echionotum J. Ag. Harv. Phyc. br. n° 236 pl. 141 ; Hauck p. 111 fig. 39 ; Debr. p. 153—Cr. n° 176 ; *Acanthoceras echionotum* Kütz. T. Ph. XII pl. 97 A-D ; *A. distans* Kütz. T. ph. XII pl. 98 A-C ; *A. transcurrens* Kütz. T. ph. XII pl. 97 fig. E-G.

JERSEY : Pointe-des-Pas (Piq.) ; Grouville (Mlle. Turner in herb. Piq.).
GUERNESEY : Commun (E. Marq.).
ALDERNEY : Longy ; Clanque ; Braye (E. Marq.).
FRANCE : Toute la côte du N. à l'Extr.O.

C. acanthonotum Carm. Harv. Phyc. br. n° 237 pl. 140 ; Debr. p. 152—Cr. n° 17 ; Le Jol. n° 22 ; *Acanthoceras Shuttleworthianum* Kütz. T. ph. XII pl. 97.

GUERNESEY : Vazon Bay.
ALDERNEY : Longy.
FRANCE : Toute la côte du N. à l'Extr.O.

C. ciliatum (Ellis) Ducluz. Harv. Phyc. br. n° 238 pl. 139 ; Hauck p. 110 ; Debr. p. 152—Cr. n° 178 ; *Echinoceras ciliatum* Kütz. T. ph. XII pl. 86 ; *Echinoceras nudiusculum* Kütz.—Le Jol. n° 163 ; Kütz. T. ph. XII pl. 94 ; *Echinoceras armatum* Kütz.—Le Jol. n° 182 ; Kütz. T. ph. XII pl. 87 de même que pl. 88, 89, 90, 91, 92, 93 sous divers noms.

JERSEY : Corbière ; St. Brelade ; La Rocque ; Rozel (H.V.H.).
GUERNESEY : Commun sur toute la côte.
ALDERNEY : Clanque ; Longy.
FRANCE : Du N. à l'Extr.O.

MICROCLADIA Greville.

M. glandulosa (Sol.) Grev. Harv. Phyc. br. n° 225 pl. 29 ; Kütz. T. ph. XIII. pl. 21 fig. A-D—Cr. n° 180 ; Holmes n° 88.
GUERNESEY : Moulin Huet ; Bec-du-Nez (E. Marq.). R.
FRANCE : De Cherbourg à l'Extr.O.

CRYPTONÉMINÉES.

GLOIOSIPHONIACÉES.

GLOIOSIPHONIA Carmichael.

G. capillaris Carm. Harv. Phyc. br. 217 pl. 57 ; Hauck p. 101 fig. 57 ; Kütz. T. ph. XVI pl. 67—Cr. n° 182 ; Le Jol. n° 210.
JERSEY : Pointe-des-Pas (Mlle. White in herb. Piq.) ; Le Fret Point (Piq.) R.R. (De Bell.).
GUERNESEY : Cobo (E. Marq.).
ALDERNEY : Clanque (E. Marq).
FRANCE : Cherbourg, Roscoff, Extr.O.

DUMONTIACÉES.

DUMONTIA Lamouroux.

D. filiformis (Fl. Dan.) Grev. Harv. Phyc. br. 208 pl. 59 ; Hauck p. 129 fig. 50 ; Debr. p. 154 ; Kütz. T. ph. XVI pl. 81—Cr. n° 208 ; Le Jol. n° 51.
JERSEY : Non rare. St. Brelade ; Noirmont ; Fort St. Aubin ; St. Clément ; La Rocque ; Rozel, etc. (H.V.H.) ; Grouville (Mlle. Turner in herb. Piq.).
GUERNESEY : Moulin Huet ; Fermain (E. Marq.).
ALDERNEY : Longy ; Clanque (E. Marq.).
FRANCE : Du N. à l'Extr.O.
BELGIQUE : Epave entre Nieuport et La Panne.

forma crispata J. Ag.
JERSEY : St. Brelade (H.V.H.).
FRANCE : Arromanches, Cherbourg, Brest.

GRATELOUPIACÉES.

GRATELOUPIA Agardh.

G. filicina (Wulf.) Ag. Harv. Phyc. br. n° 190 pl. 100 ; Debr. p. 154—Cr. n° 180 ; Hauck p. 112 fig. 45 ; Kütz. T. ph. XVII pl 22 ; *G. horrida* Kütz. XVII pl. 26 ; *G. neglecta* Kütz. XVII pl. 27.
JERSEY : Indiqué par M. Batters.
GUERNESEY : Bordeaux ; Petit Bot ; Moulin Huet (E. Marq.).
FRANCE : Du N. à l'Extr.O. et surtout à l'Extr.O.

var. intermedia Holm. et Batters.

GUERNESEY : Indiqué par M. Batters.

DUDRESNAYA Bonnemaison.

D. coccinea (Ag.) Cr. Harv. Phyc. br. n° 220 pl. 244 ; Hauck
p. 100 fig. 36 ; Debr. p. 155—Cr. n° 155 ; *D. verticillata* (Velly) Le
Jol. ; *Nemalion coccineum* Kütz. T. ph. XVI pl. 64.

JERSEY : St. Aubin (J. Piq.) ; Ste. Catherine (Mlle. Masters in
herb. Piq.) ; St. Aubin et Ste. Catherine (abondant en Juillet
1904) (Bell.).
FRANCE : Du N. à l'Ouest.

DILSEA Stackhouse.

D. edulis Stackh. Debr. p. 156 ; *Iridaea edulis* Harv. Phyc. br.
n° 213 pl. 97 ; Kütz. T. ph. XVII pl. 3 ; *Schizymenia edulis* (Stackh.)
J. Ag. Hauck p. 120 fig. 44 ; *Sarcophyllis lobata* Kütz. XVII pl. 97.

JERSEY : Assez fréquent mais peu abondant : St. Brelade ; Creux-
Fantôme ; Ste. Catherine ; Crabbé ; St. John ; Grève-au-
Lançon ; Havre Giffard ; La Rocco Tower ; St. Ouen ; La
Pulente (H.V.H.) ; Bonne-Nuit (Piq.).
GUERNESEY : Moulin Huet.
ALDERNEY : Platte Saline.
FRANCE : Du N. à l'Extr.O.

NÉMASTOMACÉES.

SCHIZYMÉNIÉES.

CALOSIPHONIA Crouan.

C. Finisterrae Cr. Cr. Fl. du Finistère p. 141 pl. 13 fig. 89—Cr.
n° 181.

JERSEY : Indiqué par M. Batters. R.R.R.
FRANCE : Extr.O. (2 stations).

SCHIZYMENIA J. Agardh.

S. Dubyi (Chauv.) J. Ag. Harv. Phyc. br. n° 212 pl. 123 (syn.
exclus) ; Debr. p. 157—Cr. n° 183 ; Le Jol. 18 ; *Euhymenia Dubyi*
Kütz. T. ph. XVII pl. 80 etc.

GUERNESEY : Liste de Mlle. Lelièvre.
ALDERNEY : Mc Gaudion.
FRANCE : Sur toute la côte, mais surtout à l'Extr.O.

HALARACHNION Kützing.

H. ligulatum (Woodw.) Kütz. Debr. p. 101 ; Kütz. T. ph. XVI pl. 84 ; *Halymenia ligulata* Harv. Phyc. br. n° 209 pl. 112 ; Hauck p. 127 fig. 47—Cr. 188.

JERSEY : St. Aubin ; Grouville (J. Piq.) ; Ste. Catherine (Bell.).
GUERNESEY : Epave à l'Ancresse Bay (E. Marq.).
ALDERNEY : M⁰ Gaudion.
FRANCE : Du N. à l'Extr.O.

var. aciculare Kütz. T. ph. XVI pl. 85.

JERSEY : Indiqué par M. Batters.

FURCELLARIA Lamouroux.

F. fastigiata (Huds.) Lamx. Harv. Phyc. br. n° 207 pl. 94 et 357 A ; Debr. p. 158 ; Kütz. T. ph. XVII pl. 99—Cr. n° 187 ; *Fastigiaria furcellata* (L.) Stackh. Hauck p. 123 fig. 124 ; Le Jol. n° 230 et 209.

JERSEY : St. Brelade ; St. Aubin ; Portelet ; La Houle ; St. Ouen etc. assez commun (H.V.H.) ; St. Aubin (J. Piq.).
GUERNESEY : Assez commun (E. Marq.).
FRANCE : Du N. à l'Extr.O.
BELGIQUE : Epave entre Ostende et Nieuport.

RHIZOPHYLLIDACÉES.

POLYIDES Agardh.

P. rotundus (Gmel.) Grev. Harv. Phyc. br. n° 206 pl. 95 ; Debr. p. 158 ; Hauck p. 199 fig. 86—Cr. n° 268 ; Le Jol. n° 117 ; *Furcellaria lumbricalis* Kütz. T. ph. XVII pl. 100.

JERSEY : Ste. Catherine ; Rozel ; St. Ouen ; La Pulente (H.V.H.) ; Grouville (M. Prentice in herb. Piq.).
GUERNESEY : Bec-du-Nez ; Petit Bot (E. Marq.).
ALDERNEY : Longy.
FRANCE : Toute la côte du N. à l'Extr.O.
BELGIQUE : Epave à Blankenberghe et à Nieuport.

SQUAMMARIACÉES.

CRUORIÉES.

PETROCELIS J. Agardh.

P. cruenta J. Ag. Le Jolis liste Cherbourg pl. III fig. 3-4 ;

Hauck p. 29 fig. 4 ; Debr. p. 161—Cr. n° 233 ; *Cruoria pellita* Harv. Phyc. br. n° 215 pl. 117.

GUERNESEY : Fermain (E. Marq.).
FRANCE : Sur toute la côte du N. à l'Extr.O.

PEYSSONNELIA Decaisne.

P. atropurpuria Cr. Cr. Fl. du Fin. p. 148 fig. 129 ; Debr. p. 160 —Cr. n° 237 ; Le Jol. n° 95.

ALDERNEY : Batters R.R.R., obtenu seulement par draguages.
FRANCE : N., Cherbourg, Extr.O.

P. Dubyi Cr. Cr. Fl. du Fin. p. 148 fig. 129 bis ; Debr. p. 160 ; Hauck p. 35 ; *Cruoriella Dubyi* Schm. in Batt. p. 95—Holmes n° 158.

JERSEY : Sur pierres et coquilles, St. Aubin, etc. (H.V.H.).
GUERNESEY : Bordeaux ; Petit Bot ; Fermain (E. Marq.).
ALDERNEY : Clanque.
FRANCE : Nord, Extr.O.

HILDENBRANDTIA Nardo.

H. prototypus Nardo. Hauck p. 38 fig. 9 ; Debr. p. 161 ; *H. rosea* Kütz. Cr. n° 235 ; *H. rubra* Harv, Phyc. br. n° 161 pl. 250.

JERSEY : St. Aubin, sur des galets rejetés par le îlot (H.V.H.), etc.
GUERNESEY : Commun (E. Marq.).
ALDERNEY : Corbelets ; Clanque (E. Marq.). Commun sur toutes les côtes anglaises (Batters).
FRANCE : Toute la côte du N. à l'Extr.O.

RHODODERMIS Crouan.

R. elegans Cr. in J. Ag. Spec. Fl. du Fin. p. 148 pl. 19 fig. 130 ; *forma Georgii* (Batt.) Heydrich ; *Rhodophysema Georgii* Batt.— Holmes n° 270 ; *Rhododermis Van Heurckii* Heydr. Bot. Centr. bl. Beiheften Band XIV pl. 17.

JERSEY : Sur le bord des feuilles de Zostère rejetées par la mer sur la côte Sud, mais surtout à St. Aubin à hauteur de "l'Hôtel Albion," vis-à-vis duquel, à côté de "Grosse Rock," se trouve une vraie prairie de Zostère qui vient à nu aux très basses marées (H.V.H.).

CORALLINACÉES.

Nos corallinacées étant nombreuses et assez difficiles à reconnaître, M. Heydrich, le savant spécialiste de cette famille, a eu l'obligeance de nous rédiger le tableau suivant qui permet la détermination des formes trouvées dans le rayon embrassé par le présent Prodrome.

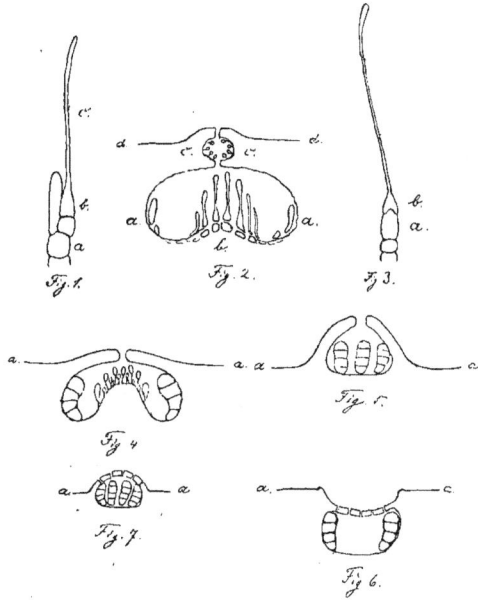

J. Heydrich fec.

Explication des figures.

Fig. 1. *Corallina officinalis* L. Cellule auxiliaire *a* et carpogone *b* naissant latéralement de l'avant-dernière cellule du filament $\frac{100}{1}$.

Fig. 2. *Hyperantherella incrustans* (Phil.) Heydr. Conceptacle mâle et femelle ; cellules auxiliaires *a* et carpogone *b* portés par des filaments différents; *c* anthéridies, *d d* surface du thalle $\frac{200}{1}$.

Fig. 3. *Eleutherospora polymorpha* (L.) Heydr. Cellule auxiliaire *a* et carpogone *b* placés l'un au-dessus de l'autre sur le même filament cellulaire $\frac{100}{1}$.

Fig. 4. *Hyperantherella incrustans* (Phil.) Heydr. Conceptacle des sporanges munis d'un pore. Coupe longitudinale ; surface du thalle *a a* $\frac{100}{1}$.

Fig. 5. *Lithophyllum corallinae* (Solms) Heydr. Conceptacle des sporanges munis d'un pore. Coupe longitudinale ; surface du thalle *a a* $\frac{120}{1}$.

Fig. 6. *Eleutherospora polymorcha* (L.) Heydr. Conceptacle des sporanges en forme de sore. Coupe longitudinale ; surface du thalle *a a* $\frac{90}{1}$.

Fig. 7. *Lithothamnion lichenoides* (Ell. et Sol.) Heydr. Conceptacle des sporanges en forme de sore. Coupe longitudinale ; surface du thalle *a a* $\frac{90}{1}$.

Les grossissements ci-dessus indiqués ont été réduits par la phototypie.

I. Thalle non incrusté de chaux.

    Thalle endophyte . . . . *Schmitziella endophloca.*

    Thalle epiphyte . . . . *Epilithon Van Heurckii.*

II. Thalle incrusté de chaux.

    Thalle endophyte . . . . *Choreonema Thuretii.*

Thalle non endophyte.

Conceptacles des sporanges munis d'un pore (fig. 4-5).

Thalle non articulé.

Thalle disciforme d'une seule couche de cellules. Les cellules corticales peu développées, plusieurs couches dans le voisinage du conceptacle.

- Cellules du thalle quadrangulaires sur la coupe verticale . . . . . . *Melobesia Le Jolisii.*
- Cell. du thalle deux fois plus longues que larges dans la coupe verticale.
  - Th. sans cell. limites. *Melobesia pustulata.*
  - Th. avec cell. limites. *Melobesia farinosa.*

Thalle disciforme ou ramifié constitué par plusieurs couches de cellules.

- Cellule auxiliaire et carpogone naissant latéralement de l'avant-dernière cell. du filam. (fig. 1) . . . . *Lith. corallinae et Lithophyllum expansum.*
- Cellule auxiliaire intercalaire et carpogone portés par des filaments différents (fig. 2) . . . . *Hyperantherella incrustans.*

Thalle articulé.

Thalle opposé penné.

- Conceptacle à tétrasporange terminal ou latéral. . . . . *Corallina officinalis.*
- Conceptacle à tétrasporange porté par des ramules divisés dichotomiquement . . . . *Corallina squamata.*

Thalle dichotome . . . . *Corallina rubens.*

Conceptacles des sporanges en forme de sore (fig. 6-7).

Thalle disciforme formé d'une seule couche de cellules ; les cellules corticales peu développées mais formant plusieurs couches dans le voisinage du conceptacle . . . . *Epilithon corticiforme = M. membranaceum.*

Thalle disciforme ou ramifié formé par plusieurs couches de cellules.

Cellule auxiliaire et carpogone naissant latéralement de l'avant-dernière cellule du filament (fig. 1).

- Thalle fixé par toute la face inférieure . . *Lithothamnium Lenormandi.*
- Thalle fixé seulement en partie. . . . *Lithothamnium lichenoides.*
- Thalle arborescent rameux non fixé . . *Lithothamnium calcareum.*

Cellule auxiliaire et carpogone placés l'un au-dessus de l'autre sur le même filament cellulaire (fig. 3) . . . . *Eleutherospora polymorpha.*

SCHMITZIELLA Bornet et Batters.

Schm. endophloea Batt. Batt. on Schmitziella : Annals of Botany Vol. VI pl. X ; Debr. p. 162—Holmes n° 192.

JERSEY : Le Fret ; St. Brelade ; Grouville ; St. John ; Rozel ; Bouley Bay ; La Rocco Tower ; Havre Giffard ; Mourier Bay (H.V.H.).

FRANCE : N., O., Extr.O.

CHOREONEMA Schmitz.

Ch. Thuretii (Born.) Schm. Hauck p. 61 fig. 105—Holmes n° 14.

JERSEY : St. Ouen, sur *Corallina squamata* (H.V.H.) Rare.

Note de *M. Heydrich* : Le *Choreonema Thuretii* croit toujours sur les très petits ramules très rapprochés et touffus du *Corallina squamata*. Il ne faut jamais le rechercher dans les ramifications ordinaires et plus grosses.

MELOBESIA (Lam.) Heydrich.

Tétrasporanges naissant dans des conceptacles.

M. farinosa (Lamx.). Lamx. Polyp. flexibles pl. 12 fig. 3 ; *M. membranacea* J. Ag. Harv. Phyc. br. n° 157 pl. 347 A ; Hauck p. 263 fig. 107.

JERSEY : Non encore signalé mais doit probablement exister dans l'île.

ALDERNEY : Platte Saline (E. Marq.).

FRANCE : Du N. à l'Extr.

M. Le Jolisii Rosan. Hauck p. 264 fig. 108 ; Debr. p. 164— Holmes 265.

JERSEY : St. John ; St. Brelade ; La Pulente ; St. Clément, etc., sur *Zostera* (H.V.H.).

ALDERNEY : Platte Saline, sur *Zostera* (E. Marq.).

FRANCE : Nord, sur *Zostera*.

M. pustulata Lamx. Harv. Phyc. br. n° 160 pl. 347 D ; Hauck p. 265 fig. 109 ; Debr. p. 164 ; Kütz. T. Ph. XIX pl. 94 A-B. ; *M. verrucata* Lamx. Harv. Phyc. br. n° 159 fig. 347 C (fide Batters) ; *Dermatolithon pustulatum* Fosl.

JERSEY : Noirmont ; Bouley Bay (H.V.H.).

ALDERNEY : Clanque ; Platte Saline, sur *Chondrus crispus* (E. Marq.).

FRANCE : Du N. à l'Extr.O.

EPILITHON Heydrich.

Tétrasporanges disposés en sores.

E. corticiforme (Kütz.) Heydr. *Melobesia corticiformis* Kütz. ; Holmes n° 118 ; *M. membranacea* (Esper.) Lam. Hauck p. 265 fig. 104

—Cr. nᵒ 244 ; Le Jol. nᵒ 194 ; *Hapalidium hildenbrandtioides* Cr. Flor. fig. 131.

JERSEY : Portelet ; Crabbé ; La Rocco ; Mourier Bay ; Corbière Rocks ; Ste. Catherine ; La Houle ; La Saline, etc. (H.V.H.), sur algues diverses : *Plocamium, Chondrus crispus, Phyllophora rubens, Cladophora pellucida, Halopitys, Rhodymenia*, etc.
ALDERNEY : Clanque ; Fort Houmet (E. Marq.).
FRANCE : Du N. à l'Extr.O.
BELGIQUE : Sur *Zostera* et algues en épave à Ostende.

E. Van Heurckii Heydrich in litt.

Voici comment M. Heydrich décrit cette algue nouvelle.

Le thalle forme sur *Aglaosphenia* des petits points roses de 150 à

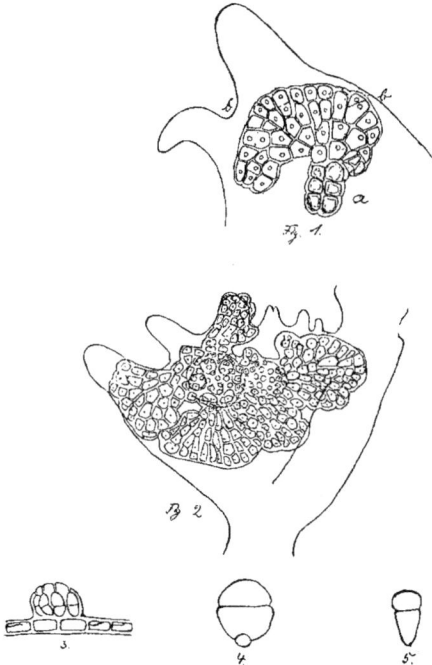

Explication des figures.

Fig. 1. Jeune thalle, vu par dessus, sur une tige d'*Aglaosphenia*. En *a* on voit les cellules de la spore qui a germé et qui forment un ensemble encore nettement reconnaissable. Le thalle s'est développé sur un des côtés des cellules supérieures de la spore *b*. *b*. *Aglaosphenia* $\frac{200}{1}$.

Fig. 2. Thalle plus âgé, vu par dessus, et situé également sur l'*Aglaosphenia*. On y aperçoit deux sores à tétrasporanges $\frac{154}{1}$.

Fig. 3. Coupe optique longitudinale à travers un sore à quatre tétrasporanges et à quatre pores. On voit les grandes cellules végétatives et les petites cellules corticales $\frac{200}{1}$.

Fig. 4. Un tétrasporange ancien $\frac{200}{1}$.

Fig. 5. Tétrasporange jeune $\frac{200}{1}$.

352 μ de diamètre, pourvus de 2 à 8 lobes inégaux profondément incisés, arrondis, qui ne se réunissent pas et ne croissent pas non plus

l'un au-dessus de l'autre, mais qui sont manifestement séparés ou se touchent aux extrémités comme le montre la figure 2. Le thalle n'est pas calcifié, il est fixé par toute sa partie inférieure et composé d'une couche de cellules quadratiques, ayant de 6 à 8 ou de 8 à 8 μ de diamètre et est pourvu de cellules corticales très plates qui sont complètement enfoncées dans les grandes (comparez fig. 3), et qui couvrent la moitié de la grande. Il n'y a pas de cellules-limites.

Les tétraspores, divisées transversalement en deux, se trouvent dans des conceptacles soriformes de 80 à 100 μ de diamètre, qui renferment 7-8 tétrasporanges et ont autant de pores (fig. 2 et 3); ces conceptacles sont parfaitement sphériques.

De toutes les espèces de *Melobesia* décrites, il n'y a que le *Melobesia membranacea* qui se rapproche de l'espèce nouvelle. Mais le *Melobesia membranacea* est incrusté de chaux, il a des sores ou des conceptacles plus grands et, dans le voisinage de ceux-ci, plusieurs couches de cellules et des tétraspores divisées transversalement.

La plante a été trouvée en février 1903 par M. le Dr. Henri Van Heurck. Elle croit sur des tiges d'*Aglaosphenia* implantées sur *Halydris siliquosa* rejetées en épave dans la baie de St. Brelade à l'île de Jersey. Le même botaniste l'a retrouvée dans des conditions identiques en février 1904. Cette espèce est rare.

LITHOTHAMNIUM (Philip.) Heydrich.

L. lichenoides Ellis et Sol. Debr. p. 166; *Lithophyllum lichenoides* Rosenv.; Hauck p. 268 pl. III fig. 7; Holmes n° 140; *Melobesia lichenoides* Aresch. Harv. Phyc. br. n° 156 pl. 236; *Mastophora lichenoides* Kütz. T. Ph. VIII pl. 99 fig. I—Cr. n° 243.

JERSEY : St. Brelade ; Elizabeth Castle, etc., un peu partout (H.V.H.).
GUERNESEY : Commun (E. Marq.).
FRANCE : Toute la côte du N. à l'Extr.O.

L. Lenormandi (Aresch.) Fosl. *Lithophyllum Lenormandi* (Aresch.) Rosan. Hauck p. 267 fig. 110 pl. III fig. 4; *Melobesia Lenormandi* Aresch.—Holmes n° 87.

JERSEY : Rozel (H.V.H.).
GUERNESEY : Très commun.
ALDERNEY : Clanque (E. Marq.).
FRANCE : Toute la côte du N. à l'Extr.O.

ELEUTHEROSPORA Heydrich.

E. polymorpha (L.) Aresch. *Lithothamnium polymorphum* Phil. Hauck p. 271 pl. 1 fig. 4-5; Debr. p. 166; Le Jol. n° 11; *Melobesia* *polymorpha* Harv. Ph. br. n° 152 pl. 345 ; *Phymatolithon polymorphum* Fosl. *Spongites confluens et crustacea* Ktz. T. ph. XIX pl. 97.

JERSEY : Très commun (H.V.H.).
GUERNESEY : Commun (E. Marq.).
ALDERNEY :   Idem.
FRANCE : Du N. à l'Extr.O.

LITHOPHYLLUM (Phil.) Heydr.

L. Corallinæ (Cr.) Heydr.   *Melobesia Corallinæ* Cr. Fl. Fin. p. 150 pl. 20 G 135 bis fig. 6-11—Holmes n° 12.

JERSEY : St. Brelade ; Crabbé (H.V.H.).
GUERNESEY : Fort Houmet (E. Marq.).
FRANCE : Extr.O.

L. expansum (Phil.) Heydr.   *L. expansum* (Phil.) Hauck p. 268 ffg. 111 pl. IV fig. 1.

JERSEY : Non encore trouvé.
GUERNESEY : Fermain ; Bordeaux ; l'Ancresse Bay ; Vazon (E. Marq.).

HYPERANTHERELLA Heydrich.

H. incrustans (Phil.) Heydr.   *Lithophyllum incrustans* Fosl.

JERSEY : St. Brelade, vers Portelet, etc. (H.V.H.).
ALDERNEY : Clanque (E. Marq.) ; commun sur toutes les côtes anglaises (Batt.).
FRANCE : Extr.O,

CORALLINA Lamouroux.

C. officinalis (L.) Harv.   Harv. Phyc. br. n° 147 pl. 222 ; Debr. 167 ; Hauck p. 281 ; Kütz. T. ph. VIII pl. 66-68—Cr. n° 238 ; Le Jol. n° 325.

JERSEY : Très commun dans toutes les baies.
GUERNESEY : Commun.
ALDERNEY : Corbelets ; Clanque ; Longy (E. Marq.).
FRANCE : Du N. à l'Extr.O.
BELGIQUE : Epave à Ostende et à Nieuport.

var. mediterranea (Aresch.).   *C. mediterranea* Aresch. Hauck p. 281 ffg. 114.

JERSEY : St. Brelade ; Ste. Catherine (H.V.H.).
ALDERNEY : Longy (E. Marq.).

var. spathulifera Kütz.   *Cor. spathulifera* Kütz. T. ph. VIII pl. 65 fig. 1.

JERSEY : Crabbé ; La Pulente (H.V.H.).

forma nana Zanar. *C. nana* Zan. Kütz. T. ph. VIII pl. 86,
JERSEY : Noirmont Tower.

C. squamata Ellis. Harv. Phyc. br. nº 149 pl. 201 ; Debr. p. 168 ;
Kütz. T. ph. XIII pl. 76.

JERSEY : St. Brelade, roches vers Portelet ; Bouley Bay ; St. Ouen ;
Corbière (H.V.H.).
GUERNESEY : Commun (E. Marq.).
ALDERNEY : Platte Saline (E. Marq.).
FRANCE : Nord, Cherbourg, Ouest.

C. rubens (L). Hauck p. 278 fig. 115 ; Debr. p. 168—Cr. nº 240 ;
Jania rubens Lamx. Harv. Phyc. br. nº 150 pl. 252 ; Kütz. T. ph.
pl. 80, *J. cosstata* et *J. verrucosa ;* pl. 81, *J. spermophora.*

JERSEY : St. Brelade, roches Est vers Portelet (Le Fret) ; Portelet ;
St. Ouen, etc. Commun (H.V.H.).
GUERNESEY : Commun (E. Marq.).
ALDERNEY : Braye Bay ; Platte Saline ; Corbelets (E. Marq.).
FRANCE : Toute la côte du N. à l'Extr.O.
BELGIQUE : Epave entre Heyst et Knocke, Nieuport (Kx.).

forma corniculata (L.) Hauck p. 279 ; Debr. p. 168 ; *Jania corniculata* Harv. Phyc. br. nº 151 pl. 234 ; Kütz. T. ph. VIII pl. 82 (et
VIII pl. 86 *J. plumula* Zan.)—Cr. nº 241 ; Le Jol. nº 325.

JERSEY : St. Brelade ; Le Fret ; Portelet ; St. Ouen, etc. Commun
(H.V.H.).
GUERNESEY : Cobo ; Petit Bot ; Rocquaine (E. Marq.).
ALDERNEY : Platte Saline ; Clanque (E. Marq.).
FRANCE : Du N. à l'Extr.O.
BELGIQUE : Epave à Nieuport et à Ostende.

TABLEAU SYSTÉMATIQUE DES GENRES.

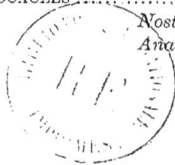

TABLE ALPHABÉTIQUE.

Les synonymes sont imprimés en *italiques*.

ERRATA.

Page 5, ligne 30. Au lieu de Okenis lisez Okeni.
Page 9, ligne 7. Au lieu de Scytotémacées lisez Scytonémacées.
Page 10, ligne 5. Au lieu de Flotowana lisez Flotowiana.
Page 11, ligne 35. Au lieu de De Caudolle lisez De Candolle.
Page 12, ligne 4. Au lieu de Synandra lisez synandra.
Page 12, ligne 12. Au lieu de Siphonocladées lisez Siphonocladiées.
Page 20, ligne 34. Au lieu de Ulva lisez Ulva Le Jolis.
Page 34, ligne 11. Au lieu de feissum lisez fissum.
Page 56, ligne 1. Au lieu de Colacolepsis lisez Colacolepis.
Page 83, ligne 13. Au lieu de Ceramium lisez Ceramium Lyngbye.
Page 104, ligne 29. Au lieu de ceramicola Cham. lisez ceramicola Chauv.

Impression terminée le 29 Janvier 1908.

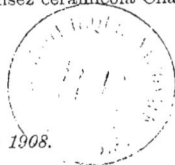

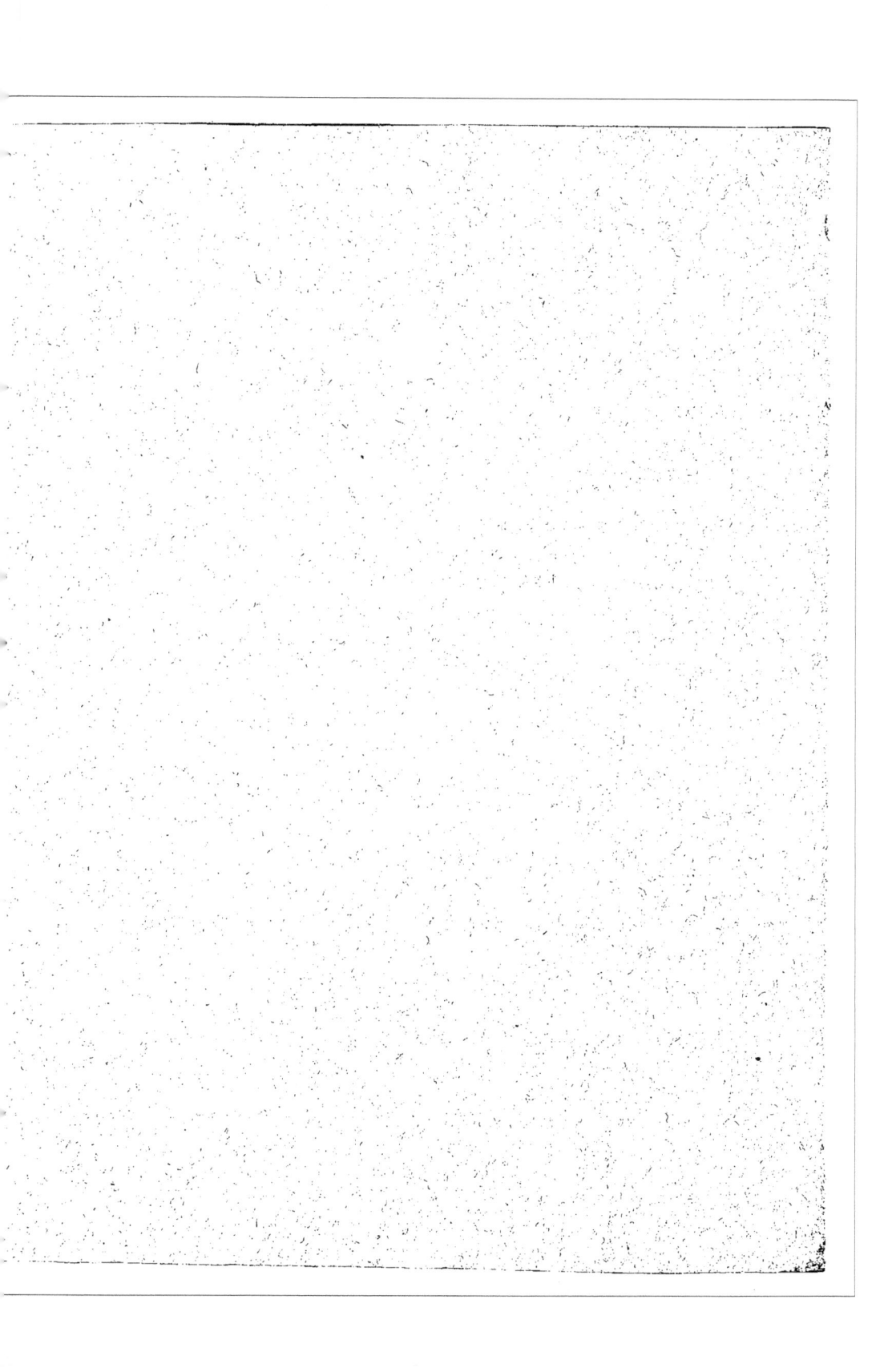

www.ingramcontent.com/pod-product-compliance
Lightning Source LLC
Chambersburg PA
CBHW071815090426
42737CB00012B/2097